Luc Folliet

Nauru, die verwüstete Insel

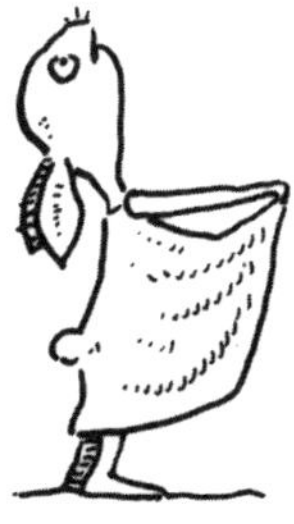

Luc Folliet

NAURU Die verwüstete Insel

Wie der Kapitalismus das reichste Land
der Erde zerstörte

Aus dem Französischen von Oliver Ilan Schulz

Verlag Klaus Wagenbach Berlin

Die französische Originalausgabe erschien 2009 unter dem Titel *Nauru, l'île dévastée. Comment la civilisation capitaliste a anéanti le pays le plus riche du monde* bei La Découverte in Paris.

Bildnachweis: S. 8 © Deutsch-Nauruische Gesellschaft; S. 31 und 67 © Ullstein Bild; S. 37, 57 und 103 © Pacific Picture Bildagentur; S. 112 © Getty Images.

Wagenbachs Taschenbuch 654
Deutsche Erstausgabe
2. Auflage 2011

Verlag Klaus Wagenbach, Emser Straße 40/41, 10719 Berlin. Umschlaggestaltung Julie August unter Verwendung eines Satellitenbildes mit freundlicher Genehmigung des U.S. Department of Energy's Atmospheric Radiation Measurement Program. Reihenkonzept Rainer Groothuis. Das Karnickel auf Seite 1 zeichnete Horst Rudolph. Autorenfoto © privat. Gesetzt aus der Imago und der Scala von Melina Fernández Temes. Vorsatzpapier von Schabert, Strullendorf. Gedruckt und gebunden bei Pustet, Regensburg.

ISBN: 978 3 8031 2654 2

Für meinen Vater.

Bevor er seine letzte Reise antrat, ermutigte er mich, nach Nauru zu fahren und »nachzusehen, ob das alles wahr ist ...«

Vorwort

Nauru. 0° 31' 59" südlicher Breite, 166° 55' 0" östlicher Länge, also: im Nordosten Australiens. Aber in den Weiten des Pazifiks ist »Nordosten« ein dehnbarer Begriff. Nauru – ausgesprochen »Na-uru« – liegt 3500 Kilometer von Brisbane und 2000 Kilometer von der Küste Papua-Neuguineas entfernt, und es ist von Inseln umgeben, Kiribati und Tuvalu, den Marshall- und den Salomon-Inseln. Sie alle sind ganz in der Nähe – die Reise dauert nur vier Tage auf hoher See.

Nauru ist eine dieser kleinen Inseln Ozeaniens, deren Existenz auf einer Weltkarte lediglich durch einen Namen im Blau des Ozeans angezeigt wird. Ein Name am äußersten Kartenrand. Nauru: Das sind 21 Quadratkilometer Felsen mitten im Pazifischen Ozean. Nicht groß genug, um im Maßstab eines Schülerglobus dargestellt und nachgezeichnet werden zu können. Ein Territorium am Rand des Randes, am Ende der Welt.

Nauru ist die kleinste Republik der Erde. 9000 Einwohner, höchstens. Die Geschichte des Landes könnte ungetrübt und glücklich sein, so weit weg von allem und insbesondere von der westlichen Welt. Und doch hat dieser unabhängige Staat eine bleischwere Vergangenheit.

Jahrtausendelang war Nauru eine Zwischenstation für Zugvögel. Der Ruf des Landes beruht auf dem *»bird shit«*

Phosphatfelder auf Nauru, 1990

(Vogelscheiße), wie die Nauruer ihn nennen. Möglicherweise war er der Grund für die Phosphatvorkommen: Guano – eine Mischung aus Vogelkot und -skeletten – soll sich mit der Erde und den Korallen der Insel vermengt haben. Jedenfalls bildeten sich im Boden von Nauru im Laufe der Zeit riesige Phosphatbestände. Ein australischer Anwalt hat das Land einmal so beschrieben: »Nauru ist eine Insel aus Scheiße. Sie sieht aus wie Scheiße, und sie riecht wie Scheiße. Aber wenn Sie Geschäftssinn haben, können Sie mit diesem Land ziemlich schnell eine ganze Menge Schotter verdienen.«[1]

Als in den siebziger Jahren immer bessere Kommunikationsmittel entwickelt wurden, definierte der kanadische Philosoph Herbert Marshall McLuhan die Welt als »globales Dorf«. Im engeren Wortsinn könnte Nauru dieses Dorf sein. Ein Felsen, der kaum größer ist als ein Arrondissement von Paris, auf dem die Globalisierung aber unauslöschliche Spuren hinterlassen hat. Nauru liegt auf der anderen Seite des Erdballs und ist dennoch der Schnittpunkt für Entwicklungen unserer Welt, an dem Reichtümer und Katastrophen zusammenlaufen. Ein kleiner Staat, wo die unsichtbare Hand des Weltmarkts anscheinend alle Übel unserer Gesellschaften abgeladen hat. Ein Labor unter freiem Himmel.

Die Geschichte Naurus könnte frei erfunden sein, wie ein Gleichnis oder eine Fabel.

Leider ist dem nicht so.

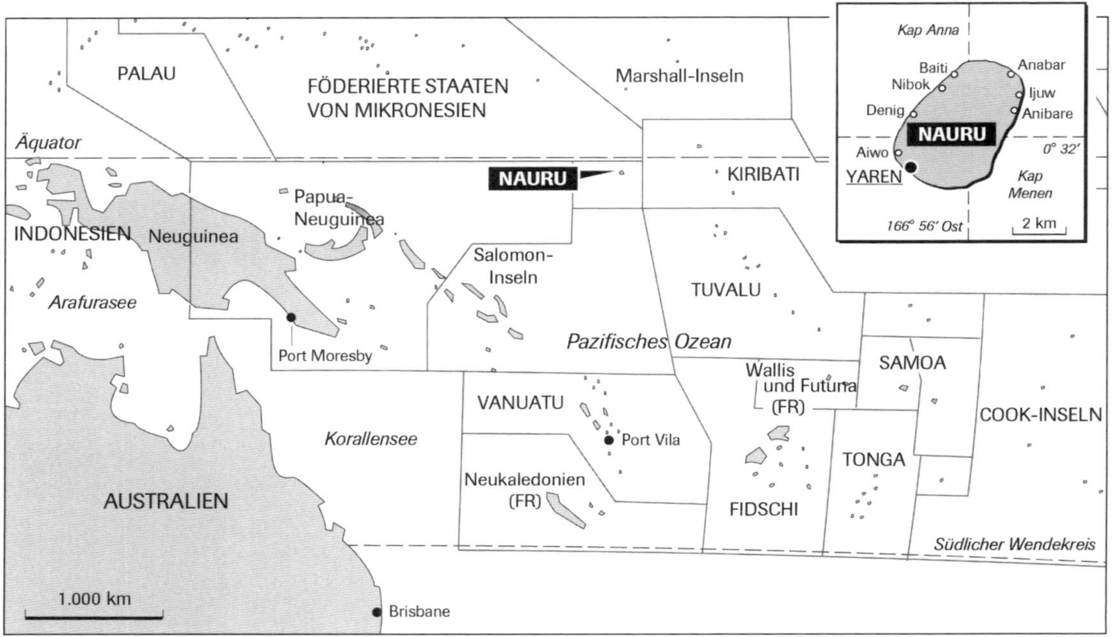

PALAU
FÖDERIERTE STAATEN
VON MIKRONESIEN
Marshall-Inseln
Äquator
NAURU
KIRIBATI
Papua-
Neuguinea
INDONESIEN
Neuguinea
Salomon-
Inseln
TUVALU
Arafurasee
Port Moresby
Pazifisches Ozean
Wallis
und Futuna
(FR)
SAMOA
VANUATU
COOK-INSELN
Korallensee
Port Vila
TONGA
Neukaledonien
(FR)
AUSTRALIEN
FIDSCHI
Südlicher Wendekreis
1.000 km
Brisbane
Kap Anna
Baiti
Anabar
Nibok
Ijuw
Denig
Anibare
NAURU
Aiwo
0° 32′
YAREN
Kap
Menen
166° 56′ Ost
2 km

Prolog

Vier Stunden sind wir nun schon auf schlechten Straßen unterwegs. »Doch-doch, das ist die Hauptstraße nach Nadi«, versichert Raja, der Taxifahrer, und starrt weiter über sein Lenkrad gebeugt durch die Windschutzscheibe. Es ist stockfinster. Das Licht der Scheinwerfer reicht keine zehn Meter. Vier Stunden, in denen wir mit Müh und Not 150 Kilometer geschafft haben, irgendwo auf Viti Levu, der Hauptinsel der Fidschi-Gruppe. Die steilen Trassen, die Autos in den Gräben und die Kinder, die plötzlich vor unserem Wagen über die Straße rennen – das alles bremst den Eifer des indischen Fahrers. Bisweilen kriecht er auf gerader Strecke im Schritttempo dahin.

»Hier in der Gegend gibt es eine Polizeiwache. Manchmal lassen sie die Schranke herunter, vergessen aber, in ihrem Wachposten das Licht anzumachen. Dann sieht man die Kontrollstelle erst im letzten Moment. Ich habe keine Lust, mein Taxi zu verbeulen.« An diesem Abend schläft der Polizist dort tief und fest. Die Schranke ist offen. Es wird keine Kontrolle geben. Das Gespräch wendet sich nun dem Rugby zu, dem beliebtesten Sport auf den Fidschis. »Oh nein! Der wichtigste Sport ist Kricket!«, erwidert der Fahrer. »Hier spielt man Kricket! Die indische Gemeinde zumindest. Die Melanesier spielen

Rugby – wir spielen Kricket, verstehst du? Da unterscheiden wir uns grundsätzlich.« Er macht eine lange Pause und setzt dann wieder an, lauert aber immer noch auf die geringste Bewegung. »Und jetzt verstehst du vielleicht, warum es auf den Fidschi-Inseln so oft Putschs gibt.« Sind Kricket und Rugby der Grund für die Aufstände? Nein, die Gegnerschaft besteht nicht nur im Sport, sie ist hochpolitisch. »Ein Mal sind wir an der Macht, das nächste Mal sind wieder die anderen dran«, bringt Raja es auf den Punkt.

Es ist zwei Uhr morgens. Die Tachonadel klettert nur selten auf 40 Stundenkilometer. Müdigkeit stellt sich ein ... An einem Novemberabend des Jahres 2005 sitze ich irgendwo auf den Fidschi-Inseln in einem Taxi: Ich frage mich ernsthaft, was ich hier eigentlich mache.

Niemand weiß so recht, wo Nauru liegt. Wer ein Flugticket dorthin buchen will, braucht Geduld: »Nauru? Sind Sie sicher, dass dieses Land überhaupt existiert?«, fragt mich die Telefonistin eines Reisebüros. »Ja, klar. Nauru. N-A-U-R-U. Und die Fluggesellschaft heißt Air Nauru.«

Die Reise dauert dreieinhalb Tage. Dreieinhalb Tage in Flughäfen, Flugzeugen und Taxis. Die lange Reise hat immerhin einen Vorteil: Je näher man dem Ziel kommt, desto mehr verlieren sich die Spuren der Zeitverschiebung. Denn in dreieinhalb Tagen ist genügend Zeit, sich anzupassen. Wenn dann noch die Übermüdung hinzukommt, kann einen nichts daran hindern, nach der Ankunft in tiefen Schlaf zu fallen.

Nach den 22 Flugstunden bis Sydney wird die Reise abenteuerlich. Bis nach Suva, der Hauptstadt der Fidschi-Inseln, sind es weitere sechs Stunden, eine Lappalie. Seltsamerweise befindet sich der größte internationale

Flughafen nicht in der Hauptstadt, sondern in Nadi, im Nordwesten der Hauptinsel Viti Levu. Der wöchentliche Flug nach Nauru startet donnerstags um 5 Uhr 30. Deshalb sitze ich mitten in der Nacht auf den Fidschis im Taxi von Raja, dem indischen Fahrer, dessen Hände noch immer das Lenkrad umklammert halten.

Die Hauptstraße von Nadi ist mit Franchise-Hotels gesäumt. Hier wird schnell klar, dass nur der Flughafen zählt. Und das Quantum westlicher – vor allem amerikanischer – Touristen, das jeden Tag am Strand abgeliefert wird. Nicht weit davon entfernt befinden sich die paradiesischen Hotelinseln, von denen die Nordwestküste der Fidschis umgeben ist. Von diesem Flughafen aus fliegt die einzige Maschine der Air Nauru den Nordpazifik an. Um 5 Uhr 30, dem einzigen Zeitfenster, das Air Pacific, US Airways und all die anderen Fluggesellschaften frei gelassen haben.

Es ist 5 Uhr 50. Der Schalter der Air Nauru ist immer noch unbesetzt. Der Flughafen liegt wie ausgestorben, es gibt weder Auskünfte noch Informationen. Stunde um Stunde vergeht. Der Flughafen füllt sich allmählich mit Leben, weil glückselige Touristen aus ihren klimatisierten Minibussen strömen. Eine »Mariachi-Band« von den Fidschis postiert sich mit ihren Ukulelen vor der Ladenzeile. Die klaren und verspielten melanesischen Gesänge begrüßen die Neuankömmlinge und begleiten die abfliegenden Passagiere bis zum Check-in.

Um 14 Uhr rollt das voll gestopfte Flugzeug endlich auf die Startbahn. Da Air Nauru Kiribati anfliegt, sind viele Bewohner dieses Inselstaats an Bord – unter ihren Sitzen liegen in Kartons verpackte DVD-Player, in den Gepäckfächern stapeln sich Minianlagen. Im hinteren Teil des

Flugzeugs sind die letzten vier Sitzreihen leer. Mit Spanngurten festgezurrter Jutestoff bildet einen improvisierten Container. Geschäftige Stewardessen laufen mit Kartons in den Armen hin und her. Ungeschickt stapeln sie die Pappschachteln zwischen den Reihen und gehen wieder los, um weitere zu holen. Der Laderaum ist voll: Während des Flugs werden Dutzende Kartons mit Lebensmitteln und Medikamenten hinter uns herumliegen. Die Boeing 737 der Air Nauru hat zweierlei Aufgaben: Sie ist zugleich Linienmaschine und Frachtflugzeug.

Mein Nachbar lässt sich von diesem Tohuwabohu nicht beeindrucken. Er ist um die fünfzig und stammt von den Salomon-Inseln. Er liest, aber manchmal blickt er auf und amüsiert sich über dieses emsige Geschleppe. »Die Kiribati verlassen ihre Insel nur selten«, meint er, »und wenn, dann fliegen sie meistens nach Australien, um ihre Familie zu besuchen. Bei der Gelegenheit gehen sie richtig einkaufen.« Wieder liegen sechs Flugstunden in kurzen Etappen vor mir. Nadi–Tarawa (Kiribati)–Nauru. Und wer Pech hat, wie mein Nachbar, braucht noch zwei Stunden länger bis zu den Salomon-Inseln.

Wir nähern uns Tarawa. Der Pilot dreht mehrere Runden über den Kiribati-Inseln, um sich in die richtige Anflugposition zu bringen. Von oben gesehen sind diese Inseln ein schmaler Streifen Erde, der von einem immer hungrigeren Ozean umspült wird. Wir landen zwischen Palmen und Kindern, die auf der Wiese neben dem Flugfeld Fußball spielen. Die Kiribati steigen alle zusammen in Tarawa aus. Der Zwischenstopp dauert nur eine halbe Stunde, danach sind gerade noch 20 Passagiere im Flugzeug. Der Pilot schaltet sein Mikrofon ein: »Meine Damen und Herren, wir bitten Sie, zum Start im hinteren Teil der Maschine Platz zu nehmen.« Die Reisenden stehen auf und gehen nach hinten. Ich setze mich wieder neben meinen Nachbarn von den Salomon-Inseln, und weil ich ihn fragend ansehe, sagt er lächelnd: »Ach wissen Sie, die Startbahn ist ein bisschen kurz hier, so geht es einfacher.« Nauru muss man sich verdienen.

Eineinhalb Stunden später befinden wir uns im Landeanflug auf Nauru. Die Stewardessen kontrollieren, ob wir angeschnallt sind. Kein Land in Sicht, das Flugzeug scheint auf dem Wasser zu landen. Erst in 100 Meter Höhe kommt das Zentralplateau der Insel in Sicht. Nauru existiert also wirklich. Dass es die Insel gibt, hatte ich im Alter von zehn Jahren entdeckt, als ich in einem Atlas nach den paradiesischen Inseln im Pazifik suchte. Zufällig war ich auf Yaren gestoßen, eine Hauptstadt mit 700 Einwohnern, die weit abgelegen auf einer kleinen Insel im Pazifik liegt, 40 Kilometer südlich des Äquators. Sechzehn Jahre später bin ich hier.

Yaren, Endstation meiner Reise.

Ich habe vierunddreißig Stunden im Flugzeug verbracht und ebenso viele in den Wartesälen der Flughäfen, im Taxi von Raja, in Nadi mit seinen Amerikanern. Nun empfängt mich ein Sonnenuntergang, aber das Klima ist unerträglich. Auf Nauru gibt es keine Jahreszeiten und nur geringe Temperaturschwankungen: nachts 30 Grad, tagsüber 40.

Lesi Olsson erwartet mich. Er ist mein Führer während dieses ersten Aufenthalts. In einem chinesischen Geschäft komme ich zum ersten Mal mit der Bevölkerung in Berührung. Dort ersetze ich das Notwendigste aus meinem Gepäck, das unterwegs bei einem Anschluss verloren gegangen ist. Am nächsten Morgen ist Lesi frisch rasiert und gekämmt, sein Anzug gebügelt, anscheinend hat er sich in Schale geworfen. »Soll ich dir die Insel zeigen?«

Nauru ist zunächst einmal eine Straße. Eine einzige. Eine Asphaltstraße, die den sanften Rundungen des Küstenstreifens folgt. Für eine Runde braucht man nicht einmal eine halbe Stunde. Auf der rechten Seite stehen die Wohnhäuser – anarchische Bauten aus Sperrholz und Blech. Manche Häuser wirken auf den ersten Blick imposant, sind aber nicht fertiggestellt. Zur Linken eine Küste wie ein Filmdekor: Palmen, weißer Sand und türkisfarbenes Meer. Auf der Straße fahren nur alte und verrostete Pick-ups aus den neunziger Jahren. Lesi blickt auf den Ozean und grüßt die entgegenkommenden Autos mit einem Kopfnicken. Wir kommen erneut ohne stehenzubleiben an seinem Haus vorbei: »Die Nauruer lieben es, auf der Insel ihre Runden zu drehen. Wir machen das fünf oder sechs Mal am Tag. Weil wir zur Arbeit fahren oder einfach so, zum Zeitvertreib. Du wirst schon sehen, was am Wochenende hier los ist. Da gehen die Leute alle gleichzeitig aus. Und die Jungen fahren die ganze Zeit mit ihren Autos herum.«

Bei der dritten Runde nimmt Lesi einen anderen Weg. Er biegt in eine kleine Straße ein, die ins Landesinnere hinaufführt, auf das Plateau. »Ich zeige dir die Lagune in Buada. Das ist der schönste Ort der Insel.« Nach dreihundert Metern steuern wir auf einen Binnensee mit tiefblauem Wasser zu. Die Vegetation ist hier viel üppiger, außerdem ist es kühler. Um die Lagune stehen, hinter Bäumen versteckt, Dutzende von Häusern. Auch sie sind von der Zeit gezeichnet. Riesige grüne Plastiktonnen stehen neben den Gebäuden. »Das sind Wasserspeicher«, erklärt Lesi. »Seitdem die Entsalzungsanlage nicht mehr funktioniert, sammeln wir Regenwasser. Heute früh habe ich nachgesehen, wie viel noch in meiner Tonne ist. Ich habe praktisch kein Wasser mehr. Hoffentlich regnet es in den nächsten Tagen. Wir hatten schon fast drei Wochen keinen Regen mehr.«

Wir fahren erst ein Mal, dann ein zweites Mal um die Lagune, immer wieder kommen uns dabei dieselben Autos entgegen.

Lesi hält einen Moment vor dem Civic Centre, ein typischer Siebziger-Jahre-Bau, von dessen Mauern der Putz abfällt. Dort sind die wichtigsten Regierungsbehörden untergebracht, wie etwa die Bank of Nauru. Das klimatisierte Gebäude ist zum Bersten gefüllt. Drinnen herrscht trotz der eisigen Temperatur gute Stimmung. Es sind fast nur Frauen da. Einige sitzen im Kreis auf dem Boden, unterhalten sich und warten.

»Heute ist die Bank ausnahmsweise geöffnet. Ich hoffe, du hast viel Bargeld aus Australien mitgebracht. Die Bank hat keine Barmittel, außer es ist Zahltag, so wie heute. Die meisten Nauruer sind Regierungsangestellte. Und eigentlich sind seit Monaten keine Gehälter mehr ausgezahlt worden. Die Regierung hat kein Geld mehr. Aber sie hat sich gerade verpflichtet, alle Angestellten regelmäßig zu bezahlen.«

»Wie viel?«

»140 australische Dollar, alle vierzehn Tage. Jeder bekommt dieselbe Summe. Der Präsident, die Putzfrauen, und ich genauso.«

»Du arbeitest hier?«

»Ja, ich arbeite für die Regierung. Ich leite die Eygogu Holding. Sie verwaltet die Besitztümer Naurus im Ausland. Ein paar haben wir noch«, sagt er und lacht. »Apropos, wenn du nichts dagegen hast, würde ich dich gern zwei Stunden alleine lassen. Ich habe eine Sitzung mit Ludwig Scotty, dem Präsidenten, und einigen Ministern. Ich kann dich heute Abend wieder abholen und mitnehmen, wenn ich mit meinen Nachbarn Harpunenfischen gehe.«

Am Abend lässt die trockene Hitze nach und die Temperatur wird angenehm mild. Die Leute wagen sich nach draußen. Aber Lesi lässt auf sich warten. Eine schüchterne alte Dame mit sehr schlechten Englischkenntnissen spricht mich an. Sie stellt sich als Lesis Mutter vor. »Er hat mich gebeten, Ihnen zu sagen, dass er nicht kommen kann. Er hat kein Benzin mehr, und auf der ganzen Insel ist keins mehr zu finden.« Dann erklärt sie mir, dass die Chancen, etwas zu fangen, im Osten der Insel größer sind. »Am Schluss teilen sie den Fang. Damit alle Familien Fisch zum Abendessen haben …«

Lesi ist einer der bestgestellten Männer der Regierung und geht fischen, um seine Familie zu ernähren. In einem Land, das schon seit mehreren Wochen keinen Tropfen Benzin mehr hat. Mit einer Bank, die keine mehr ist. Vor dreißig Jahren schwamm dieses Land in Dollars. Im Jahr 2005 ist die Insel völlig ruiniert und verkommen.

I

Ursprung und Bedeutung des Namens Nauru sind unklar. Der Deutsche Paul Hambruch, der die Insel im Mai 1909 besuchte, erklärte, *Naoero* könne als Zusammenziehung des Satzes *a-nuau-a-a-ororo* interpretiert werden, was »Ich gehe an den Strand« bedeute. *Anœoero* wurde im Übrigen 1920 ins Deutsche Kolonial-Lexikon aufgenommen.

Auch die Herkunft der Inselbewohner ist unbekannt. Anscheinend herrschten von jeher zwölf Stämme über Nauru. »Tatsächlich wissen wir über die Herkunft unseres Volkes nichts Genaues«, muss Freddy Pitcher zugeben, der 2005 Industrieminister von Nauru ist. »Aber wenn man sich unsere Gesichter ansieht, dann erinnern unsere mandelförmigen Augen an Asiaten. Unsere Vorfahren müssen mit Einbäumen aus Asien gekommen sein, aus Malaysia oder den Philippinen. Unser Körperbau ähnelt dem der Bewohner von Inseln wie Tonga oder Samoa. Wahrscheinlich haben sich die beiden Volksstämme vermischt, und daraus sind über die Jahrhunderte die Nauruer hervorgegangen.«

Das Gebiet entgeht der Expeditionslust des 16. Jahrhunderts nicht. Vasco Núñez de Balboa ist der erste Europäer, der 1513 die Landenge von Panama überquert und sich in die Gewässer des Pazifik begibt. Aber es dauert noch zweieinhalb Jahrhunderte, bis sich ein Schiff zu dieser kleinen Insel vorwagt.

Am 8. November 1798 nähert sich der Walfänger *Hunter* unter dem Kommando des englischen Kapitäns John Fern der Küste von Nauru. Sofort kommen dem Schiff

Kanus entgegen. Die Mannschaft ist vorsichtig und bleibt an Bord ihres Schiffes, und auch die Nauruer verlassen ihre Boote nicht.[2] Sie zeigen keinerlei feindseliges Verhalten. Das ist nur ein erster Kontakt. Die Körper der Ureinwohner sind John Fern zufolge nicht tätowiert, wie es auf den polynesischen Inseln Brauch ist, auf denen sich die Engländer häufig aufhielten. Hunderte von Nauruern kreuzen im Fahrwasser des britischen Schiffs. Diese erste Begegnung beeindruckt den englischen Kapitän so sehr, dass er der Insel den Spitznamen »Pleasant Island« gibt, die angenehme Insel. Daraufhin bleibt die Insel vermutlich wieder jahrzehntelang isoliert und ohne Kontakt mit Europäern.

Mitte des 19. Jahrhunderts kolonisiert das Britische Empire Ozeanien. Nicht nur Australien und Neuseeland, sondern auch alle anderen Gebiete, die es dem Empire ermöglichen, seine Vorherrschaft über die Welt zu festigen, hissen die Flagge des *Union Jack*. Einige unter den Eroberern – vor allem Matrosen – ziehen die Schönheit der Inseln, die Annehmlichkeiten des Lebens dort und die Sanftmut der Bevölkerung in ihren Bann. Überstürzt verlassen sie ihr Schiff, nehmen wie Robinson Crusoe die Lebensweise der Inseln an und ernähren sich hauptsächlich vom Fischfang. Ein paar von diesen *beachcombers*[3] sind Sträflinge und den ozeanischen Bagnos entflohen, in denen die britischen Behörden die schlimmsten Verbrecher des Empire zusammenpferchen.

Die ersten Europäer, die auf Nauru leben, sind Häftlinge aus Norfolk Island. Auf dieser Insel östlich von Australien befindet sich das berühmteste dieser Gefängnisse. Die beiden Iren Patrick Burke und John Jones landen im Jahr 1830. Jedes Jahr werden neue *beachcombers* von den

Reizen Naurus angezogen und gesellen sich zu ihnen auf die Insel. 1837 richten sich fünf Neuankömmlinge ein, aber da sie keine Habe und keine Kleider mehr besitzen, flüchten sie ins Landesinnere, sobald sich Schiffe der Küste nähern.

Im Laufe der Jahre mausert sich John Jones zum Tyrannen der Insel. Die Eingeborenen gehorchen ihm blind. Im Oktober 1841 vergiftet er sieben *beachcombers*, tötet vier weitere und bezichtigt die Nauruer dieser Morde. Daraufhin verbannen die Nauruer den Iren auf die Insel Banaba, die dreihundert Kilometer östlich liegt.

Zum Glück sind nicht alle *beachcombers* wie Jones. 1845 wohnen nur noch zwei Europäer auf der Insel. Einer von ihnen heißt William Harris. Auch er ist aus Norfolk Island geflohen, aber er fügt sich so sehr in die lokalen Gepflogenheiten, dass er eine nauruische Frau heiratet und sieben Kinder mit ihr zeugt. In der Folge wird Harris zum bevorzugten Mittelsmann der Europäer, vor allem für die Schifffahrtsgesellschaften, die auf Nauru nach Bodenschätzen suchen.

Im 19. Jahrhundert ist Nauru noch mit Kokospalmen bedeckt. Europäer und Nauruer beginnen mit Kopra zu handeln, dem getrockneten Fruchtfleisch der Kokosnuss. Das Kokosmark ist das Grundnahrungsmittel der Inselbewohner, es weckt aber auch die Neugier der Europäer, die stets auf der Suche nach neuen Geschmackserlebnissen sind. Immer mehr Schiffe laufen ein, um mit den Einheimischen Geschäfte zu machen.

Aber innerhalb weniger Monate verschlechtert sich der Ruf der Insel in Europa. 1852 stürmt die Bevölkerung das amerikanische Schiff *Inda* wegen einer dubiosen Geschichte, bei der es um den Kauf von Kanonen geht. Der

Kapitän des Schiffs und weitere sieben Mitglieder der Besatzung werden getötet. Jahrelang ankert kein Schiff mehr in den Gewässern von Nauru, der Halsabschneiderinsel mit dem als barbarisch verschrienen Volk. Auch der Alkohol verursacht verheerende Schäden in der Bevölkerung. Ursprünglich tranken die Nauruer einen sehr leichten Likör namens *toddy*, der aus Kokosnüssen gewonnen wurde. Aber Bewohner der Nachbarinsel Banaba bringen eine viel stärkere *toddy*-Mixtur nach Nauru.[4] Sie zeigen den Nauruern, wie man diesen Likör gären lässt und eine neue Sorte mit höherem Alkoholgehalt erzeugt. Die Bevölkerung berauscht sich. Die Lage wird schlechter.

Ende der siebziger Jahre des 19. Jahrhunderts erschießt ein betrunkener Hochzeitsgast einen jungen nauruischen Chef. Zu dieser Zeit sind auf der Insel viele Waffen in Umlauf. Es leben zwar kaum noch Europäer auf der Insel, aber sie haben Dutzende Gewehre und Pistolen zurückgelassen. Mit diesem Drama beginnt auf der winzigen Insel ein Stammeskrieg, der fast zehn Jahre andauert. Die Konflikte zwischen den Stämmen häufen sich. Mit Hilfe der Kapitäne, deren Schiffe nun erneut nach Nauru kommen, versucht William Harris immer wieder, die Gemüter zu beruhigen. Die Insel ist ausgeblutet.

1896 ankert das Schiff von Kapitän Henry Denson vor Nauru. Auf der Insel liest er einen merkwürdigen Stein auf, der an versteinertes Holz erinnert. Er nimmt ihn mit nach Sydney, den Sitz seines Arbeitgebers, der Pacific Island Company. Der Stein liegt jahrelang auf dem Boden seines Büros und hält bei großer Hitze die Tür offen. An einem Tag im Jahr 1899 kommt zufällig Albert Ellis vorbei, der ebenfalls für die Pacific Island Company

Nauruische Tänzerinnen, 1910

arbeitet. Der Stein erweckt seine Neugier, und er leiht ihn sich von Denson aus, um ihn zu analysieren. Das Ergebnis ist unverhofft: Der Stein besteht aus fast reinem Phosphat. Hinter der zur Legende ausgeschmückten Geschichte dieser Entdeckung verbirgt sich eine historische Dimension: Das Schicksal der Nauruer ist von nun an unauflöslich mit dem Phosphat verbunden.

Albert Ellis hatte in Ozeanien verzweifelt nach Phosphat gesucht. Die Pacific Island Company beutete einige Vorkommen aus, aber für ein Dominion wie Australien und seine schlechten Böden war die Menge nicht ausreichend. Seine Landwirtschaft brauchte Dünger, und Phosphat ist der wichtigste Bestandteil aller Düngemittel. Durch die Entdeckung eines fast reinen *phosphate rock* auf Nauru entstand eine völlig neue Lage – für Australien und seine wirtschaftliche Entwicklung, aber auch für Nauru.

Seit April 1898 steht Nauru unter deutschem Protektorat. Die Entwicklung der Industrie und die neuen Märkte drängen die europäischen Mächte zur Erforschung Ozeaniens, und die Kolonialmächte streiten sich damals um die Gebiete, die sich ihnen anbieten. Sie alle benötigen Rohstoffe. Die neuen Bündnispartner England und Deutschland teilen den Pazifik in Einflussbereiche auf. Nauru war ein schwieriger Fall. Aber Deutschland, dessen Jaluit-Gesellschaft regelmäßig die nauruische Kopra abbaut, kommt zu einer Übereinkunft mit den Briten.

Nun muss noch der Konflikt gelöst werden, der zwischen den Nauruern schwelt und den Koprahandel behindert. Obwohl die Deutschen Schusswaffen auf der Insel verbieten, dauern die Zwischenfälle an. Am 1. Oktober 1888 werden 36 Soldaten des Panzerkreuzers *Eber* auf die Insel geschickt. In Begleitung des *beachcomber* William Harris, der noch immer am Leben ist, versammeln sie die zwölf nauruischen Stammeshäuptlinge an Bord des Schiffs und erklären ihnen, dass die Insel von nun an unter deutscher Oberhoheit steht. Wenn die Morde und anderen Zusammenstöße zwischen den Stämmen beendet werden, versprechen ihnen die Deutschen im Gegenzug den Frieden. Die Häuptlinge haben eigentlich keine Wahl: Sie werden so lange festgehalten, bis sämtliche Unruhen auf der Insel beendet sind. Am Morgen des 3. Oktober 1888 nehmen die Deutschen 765 Waffen in Empfang. Nun kann Frieden einkehren. Deutschland hat die Bevölkerung vor der Selbstzerstörung bewahrt.

Der Phosphatabbau beginnt im Jahr 1907. Zwischen den zahlreichen Akteuren finden lange und komplexe Verhandlungen statt: Am Tisch sitzen die ehemalige Pacific Island Company, die inzwischen in Pacific Phosphate Company umbenannt wurde, die deutsche und die britische Regierung sowie die Jaluit-Gesellschaft, die Nauru besetzt. Um keine Konkurrenten auf den Plan zu rufen, versucht die britische Gesellschaft ihre Entdeckung geheim zu halten, was das Gefeilsche noch komplizierter macht. Die Pacific Phosphate Company wird alleinige Betreiberin der Mine und zahlt der Jaluit-Gesellschaft eine jährliche Abgabe. Die deutschen Behörden beschließen eine Vergütung für die nauruischen Grundbesitzer. Im Vergleich mit den von der Pacific Phosphate Company eingefahrenen Summen ist sie allerdings lächerlich gering.

Die Drahtseilbahn der Phosphatgesellschaft, 1908

Zu Anfang des Jahrhunderts wird Nauru eine Tagebaumine, von der alle Beteiligten profitieren. Die Briten kontrollieren den Abbau, während die Deutschen Dividenden kassieren und zugleich die Herrschaft über die Insel behalten. Aber auch den Nauruern geht es nicht schlecht. Sie verdienen zwar fast nichts an den Phosphatverkäufen, aber sie können ihren gewohnten Tätigkeiten nachgehen und müssen sich nicht um den Betrieb der Mine kümmern. Im Tagebau stellen chinesische Einwanderer den Großteil der Arbeitskräfte.

Mit dem Ersten Weltkrieg endet das harmonische Miteinander von Engländern und Deutschen. Während 20.000 Kilometer von Nauru entfernt die ersten Gräben ausgehoben werden, erobern die australischen Streitkräfte die Insel. Vier Jahre später verlieren die Deutschen mit der Unterzeichnung des Versailler Vertrags ihre Kolonien im Pazifik. Nauru ist erneut »zu verkaufen«. Und es mangelt nicht an Interessenten. Die vom Krieg betroffenen Länder müssen wieder aufgebaut werden, dasselbe gilt für ihre Landwirtschaft.

Nun schreibt auch die Presse über Nauru oder *Pleasant Island*, wie es damals noch häufig genannt wird. Als erste Zeitung stellt die *New York Times* am 29. September 1918 die Problematik der Aneignung von Nauru zur Diskussion: »Die Phosphatreserven dieser Insel werden auf 500 Millionen Tonnen geschätzt. Dieser Dünger könnte die berühmten Nitratvorkommen Chiles in den Schatten stellen.« Großbritannien, Australien und Neuseeland schätzen Phosphat so hoch ein wie Gold und wollen Nauru schlicht und einfach annektieren. Aber die Verhandlungen im Rahmen des Versailler Vertrags widersprechen den Prinzipien des amerikanischen Präsidenten Woodrow Wilson, der das Selbstbestimmungsrecht der Völker zu seinem Lieblingsthema gemacht hat. Im fünften seiner am 8. Januar 1918 vorgetragenen Vierzehn Punkte befürwortet er einen freien, unbefangenen und völlig unparteiischen Ausgleich bezüglich aller Kolonialgebiete, der auf dem Grundsatz beruhen soll, dass die Interessen der betroffenen Bevölkerungen ebenso stark berücksichtigt werden wie die Ansprüche der Regierung, über deren zukünftigen Rechtstitel zu entscheiden sei.

1920 unterstellt der neue, von Wilson durchgesetzte Völkerbund Nauru dem Mandat des Britischen Empire. Die Insel wird zwar von Australien verwaltet, das *Nauru Island Agreement* (1919) mit England und Neuseeland ermöglicht den drei Parteien jedoch, sich die Dividenden des Phosphatabbaus, der im Mittelpunkt der Verhandlungen stand, zu teilen. Die *London Daily Mail* begrüßt die Nachricht: »Vor dem Krieg gehörte Nauru zu einer von Deutschland verwalteten Inselgruppe. Unter deutscher Herrschaft wurden die Eingeborenen schwer vernachlässigt. Die Bevölkerung schrumpfte auf 2000 Einwohner. Dank der energischen und menschlichen Verwaltung des Britischen Empire sind die Nauruer heute eine der gesündesten und fortschrittlichsten Rassen im ganzen Südpazifik.«[5]

Die Phosphatindustrie entwickelt sich weiter. Der Abbau beträgt nun mehrere Hunderttausend Tonnen im Jahr. Die British Phosphate Commission tritt die Nachfolge der Pacific Phosphate Company an und wird zu einem der Renommierunternehmen der britischen Wirtschaft. Die Nauruer kümmern sich wenig um die Ausbeutung der Mine, in der Hunderte chinesischer *coolies* mit Hacken und Eimern das Plateau aushöhlen. Die Arbeit ist äußerst beschwerlich. Bei 40 Grad steigen sie zwischen den Korallenfelsen zu den Phosphatvorkommen hinab. Wenn das Trinkwasser auf der Insel knapp wird, kondensiert man Meerwasser, um den Durst der Arbeiter zu löschen, die daraufhin augenblicklich krank werden.[6]

Die Einheimischen vergnügen sich viel lieber am Meer und beim Fischfang. Nach dem gemeinsamen Essen sitzen die Nauruer abends am Feuer.

2

»Der *Angam Day* ist der bedeutendste Tag in der Geschichte unseres Volks.« Doktor Kiki Thoma formuliert bedächtig, seine Stimme klingt sanft. Er ist klein und schmächtig und entspricht damit überhaupt nicht der Statur des Durchschnittsnauruers, der eher an die hundert Kilo wiegt. Der Doktor redet gern über die Geschichte seines Volks. »Mit 70 habe ich ein Alter erreicht, in dem man Dinge an die Jüngeren weitergeben muss.«

»*Angam Day* heißt auf Nauruisch ›Der Tag der Heimkehr‹ «, erzählt er weiter. Dennoch ist dieser besondere Tag nicht der Nationalfeiertag der Republik Nauru. Die Bevölkerung begeht ihn jedes Jahr am 26. Oktober, aber er erinnert eigentlich an keine ruhmvolle Tat. Er war nicht das Signal für eine Befreiung oder einen Aufstand. »Wir feiern diesen Tag, um uns daran zu erinnern, dass unser Volk verletzlich ist, dass unser Leben immer ein wenig an einem seidenen Faden hängt. Dieser besondere Tag schweißt die Generationen zusammen.«

Die Geschichte beginnt kurz nach dem Ersten Weltkrieg. Nauru ist noch ein australisches Protektorat, und General Griffith, der Inselverwalter, macht sich Sorgen über die Zukunft der einheimischen Bevölkerung. Die letzte Volkszählung von 1919 belegt für Nauru 1068 Einwohner. Nach Ansicht des Generals ist die Bevölkerung bei weniger als 1500 Personen zum Aussterben verurteilt. Er betreibt eine geburtenfördernde Politik und verkündet, dass »der Geburtstag des 1500. Nauruers zum Feiertag erklärt und auf der ganzen Insel festlich begangen wird«. Es dauert bis zum 26. Oktober 1932, bis diese demographische Schwelle erreicht wird. An diesem Tag kommt ein Mädchen zur Welt: Man feiert Eidaruwo als das *Angam Baby*. Nauru ist gerettet.

In den ersten Monaten des Zweiten Weltkriegs gehen die Phosphatexporte zunächst ungestört weiter. Aber wer darauf zählt, hat die Rechnung ohne die deutsche Kriegsmarine gemacht. Ihre Anwesenheit im Pazifischen Ozean trägt 1940 zur weiteren Globalisierung des Konflikts bei. Nauru und seine Phosphatreserven haben weiterhin eine zentrale strategische Dimension: In Friedenszeiten trägt dieses Mineral zur Entwicklung der Landwirtschaft bei, in Kriegszeiten dient es darüber hinaus zur Herstellung von Sprengstoffen. Der Pazifik wird eine der strategisch wichtigen Zonen des Konflikts: Wer ihn kontrolliert, wird vermutlich den Krieg gewinnen. Außerdem avancieren Inseln wie Guadalcanal, Midway oder eben Nauru zu unverzichtbaren Vorposten für die Beherrschung der Meere.

Im Dezember 1940 kreuzen drei als japanische Frachter getarnte deutsche Kriegsschiffe in den Gewässern Naurus. Die Deutschen planen, mit 185 Soldaten auf der Insel zu landen und die Infrastruktur des Phosphatabbaus zu zerstören. Die Camouflage funktioniert, aber eine Landung erweist sich als unmöglich. Daraufhin beschließt die Kriegsmarine, dass die drei Schiffe die Phosphatversorgung abschneiden sollen. Sie versenken fünf Schiffe aus Neuseeland und Australien samt ihrer Ladung und zerstören mit ihrem Geschützfeuer den Großteil der Förderanlagen auf der Insel. Überstürzt verlassen die Leute der British Phosphate Commission den Ort.

Am 7. Dezember 1941 wird der amerikanische Marinestützpunkt Pearl Harbor angegriffen. Japan tritt in den Krieg ein. Seit dem Angriff der Kriegsmarine besetzt ein kleines Kontingent australischer Soldaten die Insel. Der japanische Einfluss im Pazifik wird immer größer. Im Frühling 1942 wütet die Schlacht im Korallenmeer vor Papua-Neuguinea und den Salomon-Inseln. Und es vergeht kein Tag, an dem vor der Küste Naurus nicht ein japanisches Schiff oder Flugzeug gesichtet wird. Die australischen Soldaten stehen auf verlorenem Posten und werden im Februar 1942 von dem französischen Zerstörer *Le Triomphant* evakuiert, der in der Nähe kreuzt.

Das nauruische Volk wird also mit der feindlichen Bedrohung sich selbst überlassen. Am 26. August legen vier japanische Kreuzer an. Die Insel wird zu einem Vorposten für die Nachschubversorgung japanischer Schiffe und Flugzeuge ausgebaut. Am Strand wird eine Landebahn angelegt. In wenigen Wochen schießen der Küste entlang Dutzende von Bunkern aus dem Boden. Noch heute thront eine riesige Flak-Batterie, von den Japanern zur Bekämpfung der amerikanischen Luftangriffe aufgestellt, auf dem Command Ridge, dem höchsten Punkt von Nauru.

Im Laufe des Jahres 1943 fliegen amerikanische B-25 mehrere Angriffe auf die Insel, die amerikanische Armee versucht aber nie, auf der Insel zu landen. Schließlich ist Nauru von den japanischen Nachschublinien abgeschnitten, so dass für Bewohner und Besetzer die Lebensmittel knapp werden. Mit den Nauruern, den ausländischen Zwangsarbeitern für den Bau des Militärstützpunkts und dem japanischen Kontingent ist die Insel schnell überbevölkert, eine Hungersnot breitet sich aus. Daraufhin beschließen die Japaner, 1200 Nauruer auf die Chuuk-Inseln[7] zu deportieren. 500 Männer bleiben auf der Insel und dienen den Besetzern als Arbeitskräfte.

Bombardierung der Insel durch die US-Luftwaffe, 1943

Lucie hat diese schwere Zeit miterlebt. Sie ist Großmutter und lebt mit ihren Kindern und Enkeln in einem Haus im Schatten von Kokospalmen, ganz in der Nähe des Flughafens. Sie ist einer der ältesten Menschen auf der Insel und eine der wenigen noch lebenden Zeugen dieses Dramas.

»Als die Japaner mit ihren Schiffen landeten, lebten wir friedlich auf unserer Insel. Wir wussten, dass der Krieg ausgebrochen war. Am Anfang ließen sie uns in Ruhe. Dann mussten die Männer arbeiten, die Nauruer genauso wie die Chinesen. Sie bauten Bunker und Stellungen für Kanonen und Geschütze. Eines Tages versammelten sie dann die Frauen und Kinder am Hafen. Dort warteten Schiffe. Wir gingen an Bord, aber wir wussten nicht, wo die Reise hinführte. Das Meer war unruhig. Wir wollten nicht fort.

Nach mehreren Tagen auf See wurden wir auf der Insel Chuuk abgesetzt. Dort lebten wir monatelang zusammengepfercht. Von den Nauruern, die auf der Insel geblieben waren, hörten wir nichts. Wir waren in unserem Lager eingesperrt und warteten vergeblich darauf, dass man uns freiließ. So vergingen Monate. Immer mehr Leute wurden krank: Ruhr, Typhus. Das Essen und die Unterkünfte waren schlecht. Um mich herum sind viele Leute gestorben.

Und eines Tages brachte man uns zurück auf die Insel. Wir hatten mitbekommen, dass der Krieg zu Ende war. Bei unserer Rückkehr erkannten wir Nauru nicht wieder. So vieles hatte sich verändert. Hunderte von Bäumen waren gefällt worden, Granattrichter entstellten die Landschaft. Die Japaner hatten alles stehen und liegen lassen: Waffen, Geschütze, Jeeps. Der Krieg hatte Nauru nicht verschont.«

Am 13. September 1945, also elf Tage nach dem Zusammenbruch des Kaiserreichs, unterzeichnen die Japaner auf Nauru ihre Kapitulation. Die letzten Deportierten werden am 31. Januar 1946 nach Nauru zurückgebracht. Sie sind nur noch 737. Das *Angam Baby* Eidaruwo hat nicht überlebt. Nauru wird von seiner Geschichte eingeholt. Die Inselbevölkerung liegt wieder unter der Schwelle von 1500 Einwohnern.

Nach dem Abzug der Japaner 1945 bekommt Nauru schnell wieder einen »Beschützer«. Mit der Gründung der Vereinten Nationen besteht das System der Mandatsgebiete weiter. Ihre am 26. Juni 1945 in San Francisco unterzeichnete Charta richtet das *Trusteeship System* (Treuhandsystem) ein und erlaubt es gewissen unabhängigen Staaten, während eines festgelegten Zeitraums Gebiete zu verwalten. Diese Aufsicht soll die einheimischen Bevölkerungen auf eine vollständige Verwaltung ihrer Gebiete vorbereiten und nach Ablauf der Frist ihre Unabhängigkeit sicherstellen.[8] Nauru untersteht nun zunächst einmal Australien.

Der Krieg ist vorbei, alles muss wieder aufgebaut werden. Das gilt auch für Australien, obwohl das Land von dem Konflikt nicht besonders hart getroffen wurde. Wer über die Phosphatvorräte bestimmt, bestimmt indirekt auch über die Landwirtschaft in Europa. Der Kontinent braucht dringend Erträge, um seine Bevölkerung zu ernähren, die immer noch Rationierungen unterworfen ist. Damit bekommt das Thema Nauru eine weit über die Pazifikregion hinausgehende Dimension. Da das 1919 abgeschlossene *Nauru Island Agreement* über die Phosphatförderung immer noch gültig ist, bleibt die British Phosphate Commission mit ihren drei Aktionären Australien, Neuseeland und Großbritannien weiter bestehen. Von den australischen Dollars bekommen die Nauruer kaum etwas zu sehen. 1948 erhält die Bevölkerung nur 2 Prozent der ständig wachsenden Gesamteinkünfte aus dem Phosphatabbau.[9]

»Hammer« Deroburt verlässt als einer der ersten Nauruer seine Heimat, um im Ausland zu studieren. In den dreißiger Jahren geht er ans Geelong Technical College in Victoria, Australien. Schüler, die nicht weiß sind, bilden eine kleine Minderheit in den Lehranstalten eines Landes, dessen segregationistisches System insbesondere die Aborigines benachteiligt. Hier findet Deroburt Gefallen an Unterricht, Politik und Sport, denn er wird Mitglied im *Australian-Rules*-Team des Gymnasiums.[10] Er kommt sehr gut mit dem angelsächsischen Schulsystem zurecht. Als er mit 18 Jahren nach Nauru zurückkehrt, landen die Japaner auf der Insel. Er überlebt die Deportation auf die

Chuuk-Inseln. Diese Prüfung hat ihn stark geprägt, und er erkennt, dass die über Jahrzehnte andauernde Präsenz ausländischer Mächte auf Nauru seinem Volk nur geschadet hat. Das Trauma von Chuuk wird für ihn das Erweckungserlebnis für die Werte der Unabhängigkeit und des Selbstbestimmungsrechts der Völker.

Der Australienaufenthalt und die Kontakte mit der jungen weißen Elite haben »Hammer« Deroburt zu einer engagierten Person gemacht, die stets ihre Rechte einfordert. Deroburt wird bewusst, was für einen Schatz Naurus Boden birgt. Er hat seine politischen Überzeugungen und eine ganz klare Vorstellung für die Zukunft seiner Heimat. Die Vision von einem Leben, in dem sich die Nauruer keine Sorge mehr um ihre Zukunft machen müssten. Sie würden über ihre Insel, ihr Phosphat und ihr Schicksal bestimmen.

Deroburt wird der bevorzugte Gesprächspartner der australischen Verwalter. Sie akzeptieren ihn leichter, weil sie dieselbe Ausbildung durchlaufen haben wie er. Deroburt entpuppt sich als zäher Verhandlungspartner und geschickter Politiker. Ende 1951 übernimmt er den Vorsitz des ersten Lokalen Regierungsrats von Nauru. Eine verwestlichte Form des nauruischen »Rats der Stammeshäuptlinge«, wie er bisher üblich war. Dieser *local government council* wird innerhalb weniger Monate zu einer ernstzunehmenden Kraft, die gegen die amtierenden Kolonialbehörden opponiert.

1955 beginnt Deroburt als offizieller Führer der nauruischen Sache lange und schwierige Verhandlungen mit Australien. Der Grund, auf dem der fortdauernde Phosphatabbau stattfindet, gehört gemäß dem lokalen Brauchtum den nauruischen Familien. Dennoch bekommen sie als Ausgleich für das abgebaute Phosphat nur geringe Entschädigungszahlungen. Wer über Grund und Boden bestimmt, bestimmt auch über das Phosphat. Die Verwalter der British Phosphate Commission wollen die Herrschaft über dieses Stückchen Erde nicht verlieren, dessen Wert jeden Monat weiter steigt. Anfang der sechziger Jahre liegt der Preis für eine Tonne Phosphat aus Nauru zum damaligen Kurs bei ungefähr 40 australischen Dollar. Die Produktion beträgt etwa eine Million Tonnen im Jahr. Nauru ist eine Goldgrube.

Für »Hammer« Deroburt beginnt ein mehr als zehn Jahre währender Kampf für die Selbstbestimmung des nauruischen Volks. Mehrfach ruft er in dessen Namen den Treuhandrat an. Dank seiner Kontakte nach Australien kann er sich von Anwälten beraten lassen, die auf internationales Recht spezialisiert sind. Er kann den Hebel am Artikel 76 der Charta der Vereinten Nationen ansetzen, der ausdrücklich festlegt, dass die Selbstbestimmung der treuhänderisch verwalteten Gebiete nach einer gewissen Frist verwirklicht werden muss.

Die internationalen Texte bringen Australien in eine schwierige Lage. Aber es will Nauru unbedingt behalten. Das Land kehrt an den Verhandlungstisch zurück, doch sein Gegenüber Deroburt ist in einer starken Position. Daraufhin macht die Kolonialmacht 1961 ein außergewöhnliches Angebot. Sie schlägt der nauruischen Bevölkerung vor, für sie unter Vermittlung der Vereinten Nationen ein neues Heimatland zu finden: Im Austausch gegen die 21 Quadratkilometer Naurus bietet sie Fraser Island im Norden der australischen Provinz Queensland an. Die Insel ist hundertmal größer als Nauru, birgt aber keinerlei Bodenschätze. Für die nauruischen Führer ist der Vorschlag inakzeptabel. 1964 macht der Treuhandrat eine zweite Offerte. Das nauruische Volk soll auf Curtis Island, ebenfalls in Queensland, umgesiedelt werden, aber erneut schlägt Nauru das Angebot aus.[11]

Obwohl die Treuhandmächte Naurus immensen Druck ausüben, können sich die Vereinten Nationen nicht über ihre grundlegenden Texte hinwegsetzen. Deroburt erreicht die ersten Zugeständnisse zugunsten der Nauruer. Die British Phosphate Commission versucht die Situation zu entschärfen und erhöht die Entschädigungszahlungen für den Phosphatabbau. 1965 wird dieser bis dahin geringfügige Betrag verfünffacht, ein Jahr später gar verzehnfacht. Die Büchse der Pandora ist geöffnet, und es gelingt Australien nicht mehr, sie wieder zu schließen. Der Abzug von der Insel ist über kurz oder lang unvermeidlich.

1966 wird ein nauruischer Legislativrat gegründet. Aus ihm geht einige Monate später eine autonome Regierung hervor. Unter der Schirmherrschaft des Treuhandrats unterzeichnen die Vertreter Naurus und die australischen Bevollmächtigten der Insel im Oktober 1967 ein Abkommen. Es entlässt Nauru im darauf folgenden Jahr in die Unabhängigkeit. Der British Phosphate Commission gelingt es, in den Verhandlungen einen allmählichen Rückzug zu vereinbaren. Außerdem erhält sie eine finanzielle Entschädigung (damals 13,7 Millionen australische Dollar). Die vollständige Übertragung der Phosphatindustrie Naurus wird damit erst 1970 wirksam. Australien und Großbritannien haben die Waffen gestreckt. Am 31. Januar 1968, genau 22 Jahre nach der Rückkehr der Überlebenden aus Chuuk, feiern die viertausend Einwohner der Insel ein pompöses Unabhängigkeitsfest. Die nauruische Fahne flattert im Wind. Die Unabhängigkeit wirkt zwar vor allem wie eine Phosphatabhängigkeit. Aber da die Einkünfte dieser Industrie nun direkt in ihre Taschen wandern, haben die Nauruer den Jackpot geknackt.

Ausgeschlachtete Korallenfelsen: das Resultat des Phosphatabbaus, 2000

3

Dieses Bild steht symbolisch für Nauru. Es sind Korallenfelsen, die Minenarbeiter nennen sie *pinnacles*. Beeindruckende weiße Säulen ragen auf wie in einer Mondlandschaft. Dieses Feld erstreckt sich über Quadratkilometer, so weit das Auge reicht. Die Anordnung der Felsen ist vollkommen, wie die weißen Kreuze auf einem Soldatenfriedhof. Aber hinter dieser merkwürdigen Landschaft verbirgt sich kein Geheimnis gleich dem der Statuen auf der Osterinsel. Sie ist das greifbare Resultat menschlichen Handelns, trägt die Stigmata einer Plünderung.

Anfang 1968 ist Nauru ein unabhängiger Staat, wenn er auch noch im Schoß des Commonwealth verweilt. Mit knapp 4000 Einwohnern ist Nauru die kleinste Republik der Welt. »Hammer« Deroburt wird ganz selbstverständlich ihr erster Präsident. Er weiß, dem Land bleiben noch etwa dreißig Jahre stetigen Wachstums. Er hat Spezialisten und Ingenieure zu Rate gezogen, und alle Untersuchungen zeigen: In den neunziger Jahren wird sich das Phosphat allmählich erschöpfen. Zu Anfang des 21. Jahrhunderts, so viel ist sicher, wird Nauru nicht mehr über das wertvolle Mineral verfügen, um für seine Zukunft zu sorgen.

Die Regierung Deroburt möchte diese Zeit und dieses Geld auf Investitionen verwenden, die sich auf lange Sicht auszahlen: Immobiliengeschäfte, Hotelprojekte im Ausland, Unternehmensbeteiligungen usw. Nauru denkt schon an die Zeit nach dem Phosphat und beschließt, die Produktion zu steigern. Je mehr Geld eingenommen wird, desto zahlreicher werden die Investitionen außerhalb der Insel sein und desto diversifizierter die wirtschaftlichen Auswirkungen.

Das Phosphat wird verstaatlicht. Auf die British Phosphate Commission folgt die Nauru Phosphate Corporation. Sie ist ein Staatsunternehmen, das direkt vom Präsidenten der Republik geführt wird. Ein großer Teil des Gewinns landet direkt in der Kasse der Regierung. Zugleich wird ein Staatsfonds gegründet, der Nauru Phosphate Royalties Trust. Er soll einen Teil der Gewinne aus dem Phosphatabbau im Ausland platzieren, aber auch in lokale Projekte investieren, wie zum Beispiel die Renovierung des Flughafens oder die Gründung einer Fluggesellschaft, Air Nauru, dem zukünftigen Vorzeigeunternehmen des kleinen Pazifikstaats.

Tausende Tonnen Phosphat werden jeden Tag der Erde entrissen. Dafür graben Dutzende Löffelbagger. Sie werden zumeist von *islanders* gesteuert, Bewohnern der umliegenden Inseln wie Tuvalu oder Kiribati. Einige Dutzend waren schon vor dem Krieg und der japanischen Besetzung eingewandert und hatten sich in der Mine zu den chinesischen *coolies* gesellt. Auch wenn der Abbau in der Nachkriegszeit modernisiert wird, bedarf es zum Sammeln und Sortieren des Phosphats zahlreicher Arbeitskräfte. Nach der Unabhängigkeit ziehen also viele *islanders* nach Nauru und arbeiten in der Mine, während die chinesische Gemeinde in kleine Unternehmen investiert, die auf der Insel florieren: Restaurants, Lebensmittelgeschäfte und verschiedenste Läden. Tagsüber arbeiten die *islanders* auf dem Zentralplateau für die Nauru Phosphate Corporation, nachts schlafen sie in den *locations* in einem Viertel im Distrikt Aiwo. Das sind in Flachbauten untergebrachte Sozialwohnungen mit Blick aufs Meer. Abends treffen sich dort die verschiedenen Einwanderergemeinden. Sie singen, sitzen zusammen und spielen Karten – ein Leben in einer abgeschlossenen Welt, das nicht das Geringste mit dem der Nauruer zu tun hat.

Denn die Nauruer müssen eigentlich nicht mehr arbeiten, und schon gar nicht in der Mine. Wenn sie arbeiten, dann für die Regierung, in einem der zahllosen Büros oder irgendeinem Ministerium, aber sie interessieren sich dabei zumeist mehr für die erfrischende Klimaanlage als für die Verbesserung des Gemeinwesens. Denn Nauru ähnelt einem kleinen, kollektivistischen Land. Die Nauru Phosphate Corporation, Air Nauru, die Bank of Nauru, die Schifffahrtsgesellschaft Nauru Pacific Line – alles gehört dem Staat. Auch die Polizei ist einer der großen Arbeitgeber. Und das, obwohl die Kriminalität nicht im Entferntesten ein Problem darstellt, und das aus gutem Grund: Die Insel ist klein, jeder erfährt alles und sieht alles. Und zudem ist Diebstahl nicht notwendig, denn der Bevölkerung fehlt es an nichts.

»Hammer« Deroburt hat sich diese »Naurutopia« ausgedacht und die Grundlagen dafür geschaffen. Er hat die Theorie einer Art perfekten Sozialismus erarbeitet, in dem jeder Bürger die Früchte der Staatstätigkeit genießt. Ein Kollektivismus im nauruischen Stil, in dem jeder einen materiellen und finanziellen Wohlstand genießen kann, der direkt von der Regierung bereitgestellt wird. Zugleich funktioniert dieser Kollektivismus aber mehr oder minder dank Kapitalismus und Privateigentum. Wenn der Staat reich ist, sind es seine Bürger auch. Vor der Ankunft der Deutschen, Engländer und Australier gab es bei den Nauruern keine notariell beglaubigten Eigentumsübertragungen und Erbschaften von Grundstücken. Traditionell wurde Land – und was darunter lag – unter den Söhnen und Töchtern des Verstorbenen aufgeteilt. Jahrzehntelang übergingen die aufeinanderfolgenden Minenbetreiber diesen Brauch und beuteten Naurus Phosphatvorkommen aus, ohne die Grundbesitzer zu bezahlen. Die nauruischen Chefs machten Druck und bekamen Entschädigungszahlungen, sie waren allerdings sehr gering. 1920 erhielt ein Grundbesitzer 0,009 Dollar für eine Tonne, die auf seinem Land gefördert worden war, so gut wie nichts.

Mit der Unabhängigkeit verändert sich das Abbau- und Entschädigungssystem radikal. Die neu gegründete Nauru Phosphate Corporation übernimmt die Konzession der Mine und arbeitet mit einem gerechteren Vergütungssystem. Das Geld aus dem Phosphatabbau soll allen zugutekommen. Die Nauruer werden gewissermaßen Bodenaktionäre. 1968 bekommt der Grundbesitzer für jede abgebaute Tonne 65 Cent. Dieser Betrag wird immer wieder erhöht.

Großgrundbesitzer mit mehreren Hektar Land sehen zu, wie die Nauru Phosphate Corporation ihre Gebiete über die Jahre hinweg aushöhlt. Im Gegenzug bekommen sie einen Scheck von der Regierung. Die Nauruer nennen das »royalties«. In weniger als zehn Jahren werden die größten *landowners* Millionäre und Privatiers und leben von ihren Bodenschätzen.

Zu Beginn der siebziger Jahre stürzen die meisten westlichen Länder in die erste Ölkrise. Die direkte Folge ist eine spürbare Erhöhung der Rohstoffpreise, zum Beispiel von Phosphat. 1974 bringt der Abbau dem Staat und den nauruischen Bürgern fast 450 Millionen australische Dollar ein. Auch die Besitzer kleiner Grundstücke profitieren mit einigen zigtausend Dollar im Jahr von dieser Erhöhung. Dank dem Verkauf des Minerals verfügt die kleine Insel im Pazifik im Jahr über durchschnittlich 90 bis 120 Millionen Dollar. Nauru ist das reichste Land der Welt. In den siebziger Jahren beträgt das Bruttoinlandsprodukt um die 20.000 Dollar pro Kopf und liegt damit nur wenig unter dem der Erdölstaaten der arabischen Halbinsel.

Dieser plötzliche Reichtum verändert die Lebensbedingungen der Nauruer. Der Staat macht alles, liefert alles, er kommt für alles auf. Steuern? Kein Bedarf, die Kassen sind schon voller Devisen. Sie ermöglichen den Bau eines damals sehr modernen Krankenhauses. Und wenn das

Krankenhaus von Nauru nicht ausreicht, schickt der Staat seine Kranken in die besten Kliniken von Melbourne. Die Insel kauft sogar ein Villenviertel im Osten der australischen Stadt, um die Familien von Langzeitpatienten unterzubringen.

Strom und personenbezogene Dienstleistungen sind auf der Insel kostenlos. Gymnasiasten schickt der Staat zum Studium ins Ausland. In erster Linie gehen sie natürlich nach Australien, zum Beispiel an die New South Wales University oder an die Universität in Melbourne. Andere studieren aber auch in Neuseeland, Großbritannien oder in den USA.

Der Staat reinigt sogar die Toiletten seiner Bürger. Die Regierung bezahlt Putzfrauen, damit die Häuser aufgeräumt und sauber sind. Für die Bevölkerung ist Nauru in den siebziger Jahren ein Paradies, denn sie muss nicht aufstehen und zur Arbeit gehen. Die Chinesen und die *islanders* arbeiten an ihrer Stelle. Die Nauruer leben vor allem für ihre Hobbys. Sie gehen fischen, machen auf der einzigen und immer gleichen Straße Spazierfahrten mit dem Auto und organisieren Familienfeste. Sie sind Privatiers und verhalten sich auch so: müßig und verschwenderisch.

Vor einer der unzähligen Tankstellen der Stadt spielt sich eine Szene ab, die typisch für das Leben auf Nauru ist. Diese Tankstellen sind, mitsamt den dazugehörigen Restaurants, in den Händen chinesischer Einwanderer. Am Steuer eines riesigen Geländewagens mit getönten Scheiben fährt ein Nauruer vor. Er hält an einer Zapfsäule der Tankstelle. Er lässt den Motor laufen und hupt ... Eine Chinesin eilt herbei und nimmt diensteifrig eine Bestellung auf. Der Nauruer auf dem Fahrersitz lässt den Motor laufen und wartet. Einige Minuten später kommt die Chinesin zurück und bringt ein Gericht zum Mitnehmen. Der Nauruer fährt los, seine Mahlzeit nimmt er hinterm Steuer ein. Später kommt noch ein anderer, und dann noch ein weiterer. Nauru hat wahrscheinlich das erste Drive-in-Restaurant mit chinesischer Küche erfunden. Für die verschwenderischsten Nauruer ähnelt jeder Tag einem Besuch im Supermarkt, nur dass sie gleich eine neue Wohnzimmereinrichtung, ein neues Auto oder ein neues Sportboot kaufen.

Violette McKay ist auf der Insel eine bekannte Persönlichkeit. Zunächst war sie Grundschullehrerin in Australien, dann folgte sie ihrem Mann nach Nauru. Gemeinsam bauten sie ein kleines Werkzeugunternehmen in der Nähe des Flughafens auf. 2005 ist ihr Geschäft eines der wenigen, das noch läuft. Ihr Haus hebt sich von den anderen des Bezirks ab: Es ist gut instand gehalten, kühl und geräumig. Außerdem ist es eines der wenigen Häuser, das kein Loch im Dach hat und dessen Hof nicht als Müllhalde dient. Violette ist eine joviale Fünfzigjährige und hat die goldenen Zeiten Naurus miterlebt: »Die Nutznießer der Phosphat-›royalties‹ schwelgten im Reichtum. Das können Sie sich gar nicht vorstellen! Die hatten alles! Und das, obwohl wir auf einer abgelegenen Insel leben. Aber dann brachten sie sich den neuen Fernseher oder die neue Stereoanlage eben von ihren Reisen mit. Sie kauften alles, worauf sie Lust hatten. Es war haarsträubend. Manchmal liefen Leute mit Aktenkoffern voller australischer Dollar herum, nur um ein Familienessen im China-Restaurant an der Ecke zu bezahlen.

Sie reisten in die ganze Welt, nach Europa, Japan, in die USA. Wenn sie zurückkamen, waren sie voll bepackt mit

Geschenken, die sie uns einfach so in die Hand drückten. Das brachte einen in Verlegenheit, denn man hatte sie ja um nichts gebeten. »Doch, nehmen Sie nur!«, sie bestanden darauf. Sie kauften immer größere Fischerboote und bauten ihre Häuser jedes Jahr noch mehr aus. Nauru war wie eine andere Welt.«

Violette putzt ihre Brille und hält einem ihrer Angestellten eine Strafpredigt auf Nauruisch, dann erzählt sie weiter. »Innerhalb weniger Jahre ging der Sinn für den Wert der Dinge verloren. Die Leute kannten keine Grenzen mehr. Zum Beispiel bei den Autos. Herrje, die Autos auf Nauru! Die Nauruer sind wahre Autonarren. Jeden Tag fahren sie, machen die Runde um die Insel ... Wer es sich erlauben konnte, kaufte sich einen Pick-up, der jedes Mal größer sein musste als der des Bruders oder des entfernten Cousins. Manche Familien hatten in den siebziger Jahren sechs oder sieben Autos. Und das war zu einer Zeit, als selbst Familien im Westen nur eines hatten.

Ich habe verblüffende Sachen gesehen. Jemand hatte eine Panne. Nichts Großes, nein, nur ein geplatzter Reifen, oder das Benzin war aus. Was glauben Sie, was die Leute gemacht haben? Nun, sie ließen ihr Auto am Straßenrand stehen. Einfach so, über Wochen. Manchmal gaben sie den Schlüssel sogar einem anderen Nauruer: ›Mir bringt der Frachter nächste Woche sowieso einen neuen Geländewagen.‹

Violette macht eine kurze Pause. »Oh! Und dann habe ich noch was gesehen. Das werden Sie mir nicht glauben. Aber ich habe es mit eigenen Augen gesehen. Bei einem Fest benutzten einige Nauruer australische Dollar als Klopapier. Als Klopapier! Wo sollte das hinführen?«

Collins Street ist das Zentrum des Geschäftsviertels von Melbourne. Die Nummer 80 ist ein riesiges Hochhaus aus Stahl und Beton, einer der unzähligen Wolkenkratzer in der australischen Stadt. Ein gewaltiger Felsblock thront gegenüber dem Eingang. Er passt überhaupt nicht in die Umgebung, aber die Passanten gehen achtlos an ihm vorüber. Wenn man näher an ihn herantritt, gleicht dieser seltsame Stein all jenen, die im Landesinneren von Nauru stehen: ein direkt nach Melbourne importiertes Überbleibsel.

Die pompöse Einweihungsfeier des Nauru House Building findet am 21. Januar 1977 statt. Auf dem Vorplatz des Hochhauses drängen sich sämtliche Fernsehstationen des Landes und filmen die Autos, wie sie die geladenen Persönlichkeiten absetzen. Mit 183 Metern ist das Gebäude der höchste Büroturm Australiens. Die Party verläuft prächtig, die fünfhundert geladenen Gäste freuen sich, dabei zu sein. Der blutjunge Präsident Naurus, Bernard Dowiyogo, hat gerade die Nachfolge von Deroburt angetreten. Er ist vollauf mit Händeschütteln beschäftigt. 52 Etagen und 50.500 Quadratmeter Büroflächen: Das Nauru House ist das Werk seines Vorgängers, aber er darf es einweihen. Es ist sein großer Tag – und der seines Volkes. Das Projekt wurde allein aus den Dividenden des Phosphatverkaufs finanziert. In einigen Tagen wird Dowiyogo seine großzügigen Büroräume in den obersten Etagen des Wolkenkratzers beziehen. Dann wird er im Kreis seiner Minister den Blick über sein Imperium schweifen lassen.

In knapp zehn Jahren hat sich Nauru außerhalb der Insel spektakulär entwickelt und ausgebreitet. In Melbourne weht die blaue Landesflagge mit der gelben Borte nicht nur über dem Nauru House Building: Über seinen Wertpapierfonds investiert das Land 50 Millionen australische Dollar in das Queen Victoria Hospital[12], eines der besten Krankenhäuser der Stadt. Für 52 Millionen Dollar kauft Nauru das Southern Cross Hotel neben dem Nauru House Building. Auch das Savoy Park Plaza Hotel, ein anderes renommiertes Haus der Stadt, geht in nauruischen Besitz über. Die Grundstücke und Gebäude der Carlton & United Brewery, einer Brauerei in Finanznöten, werden für 250 Millionen Dollar aufgekauft. Nauru versucht sich an einem stadtplanerischen Projekt und will die Umgebung der Carlton & United Brewery neu gestalten, um aus ihr ein modernes und dynamisches Viertel zu machen. Sein Phosphat wird ebenfalls in den Hafen der australischen Stadt befördert. In einigen Jahren wird Melbourne ein kleines Nauru.

Dann ergießt sich das nauruische Geld über ganz Australien. Sydney bleibt von den hektischen Investitionen des winzigen Landes nicht verschont: Mitten im Stadtzentrum baut Nauru das Royal Randwick Shopping Centre, ein riesiges Einkaufszentrum mit mehr als 35.000 Quadratmetern. Es kauft das Mercure Hotel Sydneys auf. Mitte der achtziger Jahre stecken die Nauruer als *Australian-Rules*-Fans 1,25 Millionen Dollar in die Gründung der Brisbane Bulldogs. Die Nauru Insurance Corporation, eine Finanzierungseinrichtung, streckt das Geld vor.

Auch der Tourismus gilt auf Nauru als vielversprechender Sektor, und so investiert das Land in zahlreiche Hotelanlagen auf den Fidschi-Inseln und in Guam. In Honolulu (Hawaii) lässt es den Nauru Tower errichten, eine Luxusanlage an der Pazifikküste. Der nauruische Staat wird Aktionär des Sheraton Hotel in Auckland in Neuseeland. In den USA kauft er 600 Hektar Wald mitten in Oregon, unweit von Seattle, und beauftragt amerikanische Firmen mit dem Bau eines Wohngebiets für Wohlhabende.[13] In Texas geht das Singer Building ebenfalls in nauruischen Besitz über.

Hunderte Millionen Dollar des Nauru Phosphate Royalties Trust, dem Investitionsfonds des Landes, werden auf diese Weise ausgegeben. Die Verwaltung dieser vielfältigen Anlagen bleibt aber weitgehend undurchsichtig. In den Ländern, wo die Insel investiert, werden zahlreiche Unternehmen mit »Nauru« im Namen gegründet. Sie haben offenbar die Aufgabe, Immobilienprojekte und andere Anschaffungen zu verwalten. Um diese Unternehmen und die Nauruer kreist ein Schwarm von Beratern und Anwälten. Das Geld aus Nauru weckt Begehrlichkeiten auf große, leicht verdiente Gewinne. Die Behörden des Landes begegnen diesen Beratern, die man ihnen so schwungvoll vorstellt, ziemlich unbedarft.

Das Land lebt über seine Verhältnisse. Aber die Insel verfolgt mit dem Geld auch ein anderes Ziel: Sie will ihre Macht im Pazifikraum festigen. Das kleine Nauru hat das Bedürfnis nach Größe. Air Nauru hat die beherrschende Stellung des Landes in der Region bereits verstärkt. Viele der umliegenden Länder wie Kiribati oder die Salomon-Inseln sind direkt von den Verbindungen der Fluggesellschaft abhängig. »Hammer« Deroburt möchte, dass seine Mitbürger dank dem Geld aus dem Phosphatabbau ein sorgenfreies Leben führen können. Darüber hinaus will er Nauru aber ungeachtet seiner Abgeschiedenheit und seiner demographischen Bedeutungslosigkeit zu einem mächtigen Staat machen.

Eine riesige Weltkarte ziert die Wand des größten Raums im Civic Centre. Sie ist mehr als drei Meter hoch und etwa zehn Meter breit. In diesem Saal finden auf Nauru gewöhnlich die diplomatischen Treffen statt. Zunächst irritiert der Anblick der gigantischen Karte das europäische Auge, denn der alte Kontinent ist auf die äußerste linke Seite gedrängt, während sich die USA an den gegenüberliegenden Rand quetschen. Der Pazifische Ozean ist als Baryzentrum gesetzt. Wer näher an die Karte herantritt, erkennt da und dort einzelne Regionen und Meere, ihre Gesamtheit erschließt sich aber noch nicht. Man versucht sich zu orientieren. Und dann steht mitten in die Weltkarte mit dicken Lettern »Nauru« geschrieben. Die Insel ist vergrößert dargestellt. Auf dieser Karte existieren die UdSSR und Jugoslawien noch. Sie stammt aus dem Jahr 1982. Zu dieser Zeit hielt sich Nauru für das Zentrum der Welt.

4

Im Distrikt Aiwo, wo die meisten Inselbewohner leben, verläuft die Straße zwischen dem eng bebauten Küstenstreifen und den steil ansteigenden Hängen des Inselplateaus. Zwischen den Häuserblöcken füllen merkwürdige Grünflächen die Lücken aus. Es sind Naturflecken mit hundertjährigen Bäumen, gesäumt von Autowracks oder getäfelten Hausfassaden. Als hätte man sie hier und dort angelegt, immer entlang der einzigen Straße der Insel.

An einem dieser Orte streifen drei Nauruer durchs hohe Gras. Sie sind mit Golfschlägern ausgerüstet und setzen gerade zum nächsten Schlag an. »Das ist das letzte Loch der Runde«, sagt einer von ihnen. »Auf den ersten Blick kann man das nicht erkennen, aber hier ist das neunte Loch. Und da hinten ist das Club-House.« Vor ihnen liegt eine kleine Lichtung, die zwischen die ersten Ausläufer des Plateaus und die Straße gepfercht ist. Auf dem Fairway wächst Gestrüpp, und das Gras steht über 50 Zentimeter hoch. Das Club-House im Hintergrund ist eine wackelige Hütte. Die Scheiben sind eingeschlagen. Die Mauern sind mit Graffiti übersät und krümmen sich altersschwach.

Ein Nauruer mit Plastik-Flipflops bringt den Ball in Position und schlägt ihn mit einem perfekten Swing. Der Ball fliegt schnurgerade durch die Luft. Und landet mitten im hohen Gras des Fairway. »Das Schwierige wird jetzt, ihn zu finden«, prustet er. »Es gibt kein Benzin mehr auf der Insel, und damit auch keinen Rasenmäher.« Die drei Nauruer laufen gemächlich durch das Fairway-Dickicht. Schwungvoll bearbeiten sie mit ihren Schlägern das Gras. »Die Partien ziehen sich in die Länge…«

Die ausgewanderten Engländer der British Phosphate Commission legten diese Golfrunde mit neun Löchern an, um die Schwermut zu überwinden, die sie manchmal auf der Insel quälte. Der Golfplatz war eines der Vorzeigeobjekte des Unternehmens und wunderbar gepflegt. Als sie abreisten, übernahmen ihn die Nauruer.

In den achtziger und neunziger Jahren begeisterten sich nicht wenige Nauruer für Golf. Dabei begegneten sie ihren Nachbarn und den amtierenden Ministern. Die Insel war auf Kosten eines seltsamen Paradoxons zu einem Ferienclub geworden: Nauru beutete seinen eigenen Boden aus, um den der anderen anzureichern. Und während sein Phosphat die australischen oder neuseeländischen Felder nährte, verlor Nauru das Interesse an seiner ausgehöhlten Erde.

Da auf der Insel nichts mehr wuchs, importierte Nauru sämtliche Produkte für seine Bewohner. Diese Einfuhren stammten wiederum aus der mit Phosphat aufgeputschten australischen Landwirtschaft: Brot, frische Eier, Fleisch, Salat und containerweise Tiefkühlprodukte. Die Frachter lieferten auch Autos, Boote, Motorräder, Videorekorder, Autoradios, Stereoanlagen. Alle diese Artikel waren extrem teuer – sieben Dollar für einen Salat –, aber die Nauruer konnten es sich ja leisten. Sie stellten nichts mehr her. Sie reparierten nichts mehr, sie entsorgten und kauften es neu. Sie produzierten und kochten nicht mehr: Sie konsumierten.

Schon Ende der siebziger Jahre empfängt die nauruische Regierung ein erstes Warnsignal. Der Phosphatkurs fällt. Das Fördervolumen variiert immer noch zwischen 1,5 und 2 Millionen Tonnen jährlich, sinkt dann aber von Jahr zu Jahr. Die Preise fallen, der Abbau geht zurück, die Infrastruktur ist veraltet – die nauruische Regierung kann einen gewissen Wachstumslevel halten, aber die Reserven versiegen.

Doch die Nauruer führen weiterhin ihr sorgloses Leben. Die Regierung setzt ihre Politik der Kapitalanlagen im Ausland fort, ohne dass es wirkliche Renditegarantien gibt. Diese Anlagen bringen also immer noch nichts ein. Schlimmer noch: Geld verschwindet. Die Regierung hütet sich, das öffentlich zuzugeben.

Am 21. Oktober 1982 wird dem Land die Ehre eines königlichen Besuchs zuteil. Königin Elisabeth II. reist durch die Commonwealth-Länder im Pazifik und kommt an Bord der *Queen Mary II* auf Nauru an. Präsident Deroburt und die gesamte nauruische Bevölkerung empfangen sie am Hafen. Für die Insel ist es ein Festtag, ein historisches Ereignis. Durch diesen Besuch stärkt die Königin die Anerkennung, die Nauru innerhalb der internationalen Gemeinschaft sucht. Außerdem macht sie während dieser Pazifikreise bei verschiedenen Anlässen kein Geheimnis aus ihrem Interesse für Nauru, weil der wirtschaftliche Erfolg dieser abgelegenen Insel ihre Neugierde geweckt hat. In ihrer Rede auf der Insel nennt sie das Land als Beispiel für die Entwicklung der Staaten im pazifischen Raum. Die Inselbewohner fühlen sich geschmeichelt. »Hammer« Deroburt wird zum Ritter der britischen Krone geschlagen und bekommt damit die verdiente Anerkennung für sein Engagement.

Hinter der Fassade des wirtschaftlichen Erfolgs schrillen die ersten Alarmglocken, werden aber von der Exekutive ignoriert. Einer der Gründe, warum die Auslandsinvestitionen so wenig einbringen, sind die zahlreichen »Finanzhaie«, die sich unentwegt um Nauru tummeln. Wer viel Geld hat, ist immer von vermeintlichen Freunden umgeben. Auf dem Schreibtisch des Präsidenten der Republik Nauru stapeln sich die Anlage- und Bauprojekte.

Das Land ist eine leichte Beute. Ende 1991 übergibt der Nauru Phosphate Royalties Trust einem Partner der Anwaltspraxis Allen, Allen und Hemsley in Sydney 8,5 Millionen Dollar. Ronald Powles arbeitet in London und überweist das Geld sofort auf das Konto einer Bank in der City. Die Millionen wandern von einem Land ins andere, fließen von einer amerikanischen Bank zu einer Bank in Antigua und über ein englisches Kreditinstitut auf die karibischen Inseln. Eine Weile liegt das Geld auch in der

Schweiz. Bald hat Nauru jede Spur des Geldes verloren. Ronald Powles, der Hauptakteur dieses »Geschäfts« in den Sphären der Hochfinanz, soll ein paar Monate später Rechenschaft ablegen. Aber es sind noch weitere Personen in die Sache verwickelt, was die Suche nach dem Geld erschwert. Nun wird der kleinen Pazifikinsel klar, dass sie betrogen wurde – zu spät, denn sie hat Ronald Powles in verschiedenen Finanzgeschäften über 60 Millionen Dollar anvertraut.[14] Das Geld sieht Nauru nie wieder.

Im Dezember 1994 kauft der Nauru Phosphate Royalties Trust für 50 Millionen Dollar ein ehemaliges Krankenhaus im Viertel Queen Victoria in Melbourne. Die Insel hat das Geschäft mit David Marriner abgewickelt, einem australischen Bauunternehmer. Erst später erfährt Nauru, dass der Unternehmer den Komplex ein halbes Jahr zuvor für nur 15 Millionen Dollar vom Staat Victoria erworben hat.[15]

Ein besorgniserregendes Phänomen ist die neue politische Instabilität der Insel. »Hammer« Deroburt regiert das Land seit 1968. Bis 1986 behält er die Kontrolle über den nauruischen Staat – abgesehen von einem kurzen Intermezzo seines größten politischen Rivalen, Bernard Dowiyogo, zwischen 1976 und 1978. Diese Phase der Stabilität entspricht den goldenen Zeiten der Insel. In den achtziger Jahren stellen sich dem Vater der nauruischen Nation neue Gegner wie Kennen Adeang oder Lagumot Harris in den Weg, allesamt jüngere, machtbewusste Politiker.

Seit 1986 geben sich die Präsidenten die Klinke in die Hand. Aufgrund politischer Tricksereien und wechselnder Mehrheiten waren es 22 in 23 Jahren. In den 40 Jahren der Unabhängigkeit leiteten 27 unterschiedliche

Regierungen das Land. Bernard Dowiyogo wurde in etwas mehr als 25 Jahren sechs Mal zum Präsidenten gewählt – manchmal nur für einige Monate oder gar nur ein paar Tage.[16] Der 2004 gewählte Ludwig Scotty war der letzte Präsident, der eine ganze Mandatszeit absolvierte. Drei Jahre im Amt ist für Nauru eine stolze Leistung. Im August 2007 wurde er sogar nochmals gewählt, wurde aber vier Monate später mit Pauken und Trompeten wieder abgesetzt.

Das Verhalten der führenden Politiker der Insel erinnert an die Launen von Stars. Dabei machen die Minister manchmal keinen Unterschied zwischen ihrer eigenen Brieftasche und der des Staats. Die Frauen der Minister, die Kinder und Familien – alle lassen es sich gutgehen. Der Etat der Regierung für Verwaltungskosten bewegt sich um die 50 Millionen australische Dollar, ein ungeheuerlicher Betrag, wenn man bedenkt, dass die nauruische Regierung noch nie mehr als sechs Minister zählte.

Aber die Insel ist so klein, dass jeder, der sich auch nur ein wenig für Politik interessiert, von heute auf morgen Minister werden kann. Dadurch besteht immerzu die Gefahr einer völlig inkompetenten Regierung: Der ehemalige Wirtschaftsminister Aloysius Amwano gestand auf ABC, einem der meistgesehenen australischen Fernsehsender, dass er in seinem Ressort keinerlei Ausbildung erhalten habe.[17]

Duke Minks ist ganz aufgeregt an diesem Tag Ende 1992. Er hat gerade einen Anruf von Kelly Emu bekommen, dem Sonderberater des nauruischen Präsidenten. Die Regierung hat seinem Projektvorschlag zugestimmt, einem Musical über das Leben von Leonardo da Vinci. Einige Wochen zuvor hatte er Emu eine selbstkomponierte Melodie aus dieser Komödie vorgespielt. Kelly Emu war sofort Feuer und Flamme gewesen und hatte versprochen, mit dem Präsidenten über das Projekt zu sprechen.[18] Minks kennt die Nauruer gut, denn er ist Geschäftsberater der Regierung. Aber diese Sache war ein persönliches Projekt. Und er ist ziemlich stolz darauf, dass er zukünftige Investoren schon mit einigen Entwürfen überzeugen konnte.

Für den 47-jährigen Liverpooler ist das Musical nicht der erste Anlauf im Musikgeschäft. In den sechziger Jahren war er Manager der Band Unit 4 + 2, ein One-Hit-Wonder. Nach ihrem Erfolg verließ er die Band. Minks vertagte seine Karriereträume im Musikbereich auf später und wurde Geschäftsmann.

Minks schafft es, das Musical in London zu produzieren. Die nauruische Regierung finanziert das Projekt mit vier Millionen australischer Dollar. Am Abend des 3. Juni 1993 sind sämtliche Minister Naurus im Festsaal des Londoner Waldorf-Hotels. Präsident Bernard Dowiyogo ist mit einem Sonderflugzeug in die britische Hauptstadt gekommen. Genau wie die 40 Nauruer, die um die halbe Welt geflogen sind, um im Strand Theatre die Premiere von *Leonardo, A Portrait of Love* zu besuchen. Ein Staat, noch dazu ein völlig unbekannter, finanziert ein Musical: Das macht die Leute neugierig. Die britischen Medien berichten über das Ereignis. Noch nie war in England so viel von Nauru die Rede. Für vier Millionen Dollar wird Nauru zum Mäzen und liefert eine neue Sicht auf das Leben des berühmten Künstlers.

Als nach vier Stunden Vorstellung der Vorhang fällt, haben die meisten Zuschauer das Theater schon verlassen. Den Kritikern verschlägt es bei einem solchen Stück die Sprache, inszeniert es doch eine angebliche Liebesbeziehung zwischen Vinci und Mona Lisa. Auf der Premierenfeier sind die Nauruer begeistert, allen voran Dowiyogo. Einen Monat später wird *Leonardo* abgesetzt. Die Komödie gilt als einer der spektakulärsten Musicalflops in der englischen Hauptstadt.

Der Anfang der neunziger Jahre ist eine zwiespältige Periode für die Republik Nauru. Im Juli 1992 stirbt »Hammer« Deroburt, der Vater der Nation, in Melbourne. Die politische Instabilität und die Unbekümmertheit der Regierenden sorgen für immer größere Unruhe. Geoffrey Chatfield, der australische Geschäftsführer des Nauru Phosphate Royalties Trust, kündigt im Mai 1993 aus Verzweiflung über die chronische Verantwortungslosigkeit der Regierung. Das Geld des Trusts ist verschleudert worden.

Die Nauruer haben die Sorglosigkeit ihrer Minister bis dahin ungerührt verfolgt, aber Ende Mai 1993 lassen sie ihrer Wut freien Lauf. Der Vorfall ereignet sich einige Tage vor der Premiere von *Leonardo* in London. Am Flughafen sind die nauruischen Würdenträger gerade in die Boeing der Air Nauru gestiegen, die sie zu der Veranstaltung bringen soll. Aber ein Menschenauflauf am Rollfeld erregt ihre Aufmerksamkeit. Etwa 50 Frauen demonstrieren lautstark und können von einigen Polizeibeamten nur mit Mühe zurückgehalten werden. Sie protestieren energisch gegen das berühmt-berüchtigte Musical – in ihren Augen bringt diese Verschwendung das Fass zum Überlaufen. Auf ihren Transparenten steht: »Where are our millions? In Duke Minks' Pocket«[19], oder aber: »Politicians are getting richer and fatter. The people getting poorer, our children skinnier!«[20] Zum ersten Mal geht die nauruische Bevölkerung mit ihrer Wut an die Öffentlichkeit. An der Spitze der Proteste stehen Frauen. »Wir haben gesungen und getanzt, damit alle uns sehen. Wir haben geweint. Unter den Polizisten waren auch Brüder, Neffen, Onkel oder Ehemänner, und sie haben genauso zu weinen begonnen und uns angefleht, nach Hause zu gehen«, erinnert sich Maria Gaiyabu, eine der Demonstrantinnen. Die Frauen setzen sich auf die Rollbahn und fordern, dass die Londonreisenden die Maschine verlassen. Die Demonstration hält das Flugzeug der Air Nauru über drei Stunden am Boden fest. Schließlich steigen der Präsident und sein Gefolge aus und rechtfertigen ihr Vorgehen. Sie fliegen erst einige Tage später nach London. »Das war ein siegreicher Tag für uns«, meint Maria.

Angesichts der äußerst angespannten Lage im Land versuchen die Entscheidungsträger nach ihrer Rückkehr aus Europa, die Unzufriedenheit zu beschwichtigen. Eine gute Nachricht hilft ihnen dabei. Australien ist bereit, noch im selben Jahr 57 Millionen Dollar zu zahlen, weil es zur Zeit seiner Hoheit über Nauru Phosphat abgebaut hat.[21] Der Fall liegt dem Internationalen Gerichthof in La Haye vor, aber Australien zieht es vor, einen Vergleich auszuhandeln. Das ist ein Befreiungsschlag für die Wirtschaft des Landes, und Dowiyogo und seine Regierung haben nochmals Zeit gewonnen. Einige Monate später beschließt die Regierung, 23 Millionen Dollar aus dem Nauru Phosphate Royalties Trust direkt an die nauruischen Bürger zu verteilen. Das entspricht 20.000 Dollar pro Familie. Die Regierung vergeudet also erneut einen Teil des »Notgroschens« der Insel und hofft, damit endlich die Proteste einzudämmen und sozialen Frieden zu erkaufen. Allerdings behält sie ihren luxuriösen Lebenswandel bei und führt die Staatsgeschäfte weiter nach Gutdünken.

Stillgelegte Verladestelle für das Phosphat, 2000

In den neunziger Jahren erlebt das ganze Land ein brutales Erwachen. 80 Prozent der Inseloberfläche sind abgetragen. Über viele Quadratkilometer stehen Korallenfelsen wie unbewegliche Riesen, stumme Zeugen für den Ruin der Insel. Die Vegetation hat die zu Anfang des Jahrhunderts ausgehöhlten Gebiete zurückerobert, die Spuren eines hemmungslosen Raubbaus kann sie jedoch nicht überdecken. Nur der Küstenstreifen der Insel ist verhältnismäßig gut erhalten. Auf Fotos vom Beginn des 20. Jahrhunderts sieht man, dass der schmale Pfad, der die Trasse der Teerstraße vorgegeben hat, sich einst durch einen dichten Wald aus Kokospalmen schlängelte. Knapp hundert Jahre später gibt es mit Ausnahme einiger Kokospalmen und ein paar Eukalyptusbäumen praktisch keine Bäume mehr auf Nauru. Und die Wohnhäuser entlang der Straße verfallen mangels Instandhaltung.

Die Phosphatförderung geht drastisch zurück. Die Jahresproduktion kommt nun nicht mehr über 500.000 Tonnen. Die für den Abbau benötigten Materialien und Maschinen sind veraltet und werden nicht mehr repariert, geschweige denn durch neue ersetzt. Dabei waren die Vorhersagen der australischen Ingenieure und Geologen eindeutig: Der Phosphatabbau werde zu Beginn der nuller Jahre enden, da die Reserven für eine regelmäßige und dauerhafte Produktion nicht ausreichend seien. 1997 wird die Produktion der Mine auf ein Minimum heruntergefahren.

Aber dennoch reduziert der Staat seine Ausgaben nicht und ist immer auf der Suche nach Barmitteln. Also nehmen die Regierungen der achtziger und neunziger Jahre Kredite auf. Ein Darlehen kommt von der Asiatischen Entwicklungsbank, um die wirtschaftlichen Aktivitäten Naurus zu diversifizieren, und Dutzende kleinere Kredite von ausländischen Banken, um die Löhne der Beamten und die Royalties der *landowner* zu bezahlen. Die Insel lebt von nun an wie unter künstlicher Beatmung. Aufgrund minimaler Einnahmen gerät Nauru in einen Teufelskreis, in dem es Kredite aufnehmen muss, damit es die Zinsen früherer Kredite bezahlen kann. Ende der neunziger Jahre nimmt die Regierung ein riesiges Darlehen in Höhe von 268 Millionen australischen Dollar[22] bei General Electric auf, einem der größten internationalen Konzerne der USA. Diesen Betrag wird Nauru niemals zurückzahlen können.

Ein Mann verkörpert alle schlechten Eigenschaften der nauruischen Gesellschaft. Ein Termin mit René Harris auf Nauru ist ein wenig so, als hätte man sich in der Vorhölle mit dem Teufel verabredet. Dieser Eindruck entsteht jedenfalls in vielen Gesprächen mit Bewohnern der Insel. »René? Er hat Nauru den Todesstoß versetzt.« »Ein Dieb.«

René Harris ist ein Politiker wie aus dem Bilderbuch. Er ist ehrgeizig und zwielichtig, verschwenderisch und größenwahnsinnig. Manche Nauruer qualifizieren ihn sogar als »korrupt«. Die schlimmsten Eigenschaften werden ihm angedichtet. Dennoch nennen ihn alle beim Vornamen. »René« war zwar Präsident, und viele Leute verabscheuen ihn, aber er ist trotz allem ein Nachbar, ein früherer Klassenkamerad oder ein entfernter Cousin.

Aber seit das Parlament René im Jahr 2004 mit einem Misstrauensantrag abgesetzt hat, bleibt er im Hintergrund. Noch immer schwebt sein Schatten über der Insel, und er hat weiter erheblichen Einfluss. Ihm werden allerlei finstere Machenschaften unterstellt, mit denen er seine politischen Gegner schwächen wollte: Er hätte das Feuer in der Phosphatfabrik legen lassen oder Mauscheleien in den Hinterzimmern der Macht angezettelt, um Neuwahlen herbeizuführen. Harris liebt die Politik, ihre Winkelzüge und Überraschungen. Zunächst war er Direktor der Pacific Star Line, der inseleigenen Schifffahrtsgesellschaft, danach Mitglied des Verwaltungsrats der Nauru Phosphate Corporation. Er kennt alle alten Tricks und Kniffe und weiß sie geschickt anzuwenden.

Im Jahr 1999 wird er zum ersten Mal Präsident. Schon seit langem macht er seinem Erzfeind Bernard Dowiyogo die Macht streitig. In diesem Jahr schafft er es, ihn mit einem x-ten Misstrauensvotum im Parlament zu stürzen. Das nauruische Parlament torpedierte in den neunziger

Jahren mit chronischer Regelmäßigkeit seine eigene Arbeit. Harris' Machtübernahme findet in einem äußerst schwierigen Kontext statt: Der Rückgang der Phosphatförderung in Verbindung mit der fahrlässigen Anhäufung der Regierungsausgaben stürzt das Land noch tiefer in die Rezession.

Aber René Harris ignoriert die Tatsachen, er hört nicht auf die Mahnungen seines Volks und der diversen Gläubiger Naurus. Er regiert wie in den goldenen Zeiten, als die Staatskasse vor Scheinen überquoll.

René macht mit seiner Frau und seinen Enkelkindern in Asien Ferien. Er fliegt mit der Concorde. Er kauft seiner Frau Schmuck und lässt sich sündhaft teure Anzüge maßschneidern.[23] Und das alles, ohne sich um sein Land zu kümmern, das immer offensichtlicher in Not ist. Einmal will er seiner unter Bewegungsmangel leidenden Bevölkerung ein Vorbild sein und läuft die zwei Kilometer Straße rund um die Rollbahn des Flughafens zu Fuß ab. Dabei sollte es allerdings auch bleiben. Seine Politik ist wie diese Initiative: Sie strotzt vor Populismus.

In einer australischen Reportage aus dem Jahr 2004 ist der Präsident der Republik Nauru zu sehen, wie er mit einem blauen Hawaii-Hemd und einem Mikrofon in der Hand energisch auf einer Bühne tanzt. Von Musikern umgeben macht er mit dem ganzen Körper Verrenkungen. Drollige Bilder, aber das Erstaunliche sind die Parallelen mit einem anderen sehr beliebten Video, auf dem sich der klatschende Boris Jeltzin mit russischen Musikern schwerfällig über eine Bühne bewegt. Das war mehr oder weniger zur selben Zeit. Der Ausschnitt hatte die Leute amüsiert und lief auf allen Nachrichtensendern. Boris Jeltzin hatte er eine gewisse Beliebtheit eingebracht, weil er weit vom üblichen Protokoll und der Etikette entfernt war. Deshalb versucht auch René Harris zu tanzen. Er ist sich seiner Macht sicher und spielt den perfekten *caudillo*.

Er hält sich regelmäßig in Melbourne auf, wo er einen Zweitwohnsitz sein Eigen nennt. René ist Diabetiker und muss oft ins Krankenhaus. Auf Nauru ist er nur noch selten anzutreffen. Er regiert sein Land aus 5000 Kilometer Entfernung, aus den komfortablen Büros des Präsidenten im Nauru House Building. Aus den obersten Etagen seines Büroturms betrachtet er sein Reich, das eigentlich nur noch ein Ruinenfeld ist.

Das kleine Haus ähnelt allen anderen auf der Insel. Mit seinen cremefarbenen Mauern und seinem hölzernen Dachstuhl sieht es wie eine Hütte aus. Es steht zurückgesetzt im Schatten von Palmen, etwas unterhalb der Straße. »Nauru Agency Corporation« steht an der Tür. Das kleine Gebäude wirkt verlassen, niemand schenkt ihm mehr Beachtung. Dabei hat es der internationalen Gemeinschaft reichlich Bauchschmerzen bereitet.

Die Nauru Agency Corporation liegt nur einige hundert Meter vom Strand entfernt. Eigentlich ist sie nur eine Postadresse. Ihretwegen darf sich Nauru als eine der größten Steueroasen der Welt bezeichnen. Die Nauru Agency Corporation ist keine richtige Bank. Aber Einrichtungen wie die OECD oder ihr amerikanisches Gegenstück Financal Crimes Enforcement Network (FinCEN) kennen sie sehr gut, denn sie kämpfen gegen Geldwäsche. Schließlich beherbergte die Nauru Agency Corporation Ende der neunziger Jahre nicht weniger als 400 *shell banks*, also Banken, die physisch gar nicht existieren, sondern nur eine Adresse und einen Briefkasten unterhalten.

Damals war es kinderleicht, auf Nauru eine Bank aufzumachen. Man musste sich lediglich bei der Nauru Agency Corporation registrieren lassen und für 25.000 US-Dollar eine Banklizenz kaufen. Für 1000 Dollar konnte man die Lizenz jedes Jahr um ein weiteres verlängern. Im Internet dauerte das alles nur ein paar Minuten.[24]

Das Geschäft war legal. Das schmutzige Geld der russischen Mafia, das über diese Konten lief, dafür umso weniger. Frankreich und einige andere Länder akzeptierten schließlich keinen Zahlungsverkehr mehr, der über Nauru abgewickelt wurde. Im Februar 2002 verlangt die Regierung des französischen Premierministers Lionel Jospin von ihren Finanzeinrichtungen, ihre Geschäfte mit auf Nauru angemeldeten Banken zu überprüfen.[25]

Das schmutzige Geld fließt über *shell banks* auf allen Kontinenten: Den Kaimaninseln, den Bahamas, Niue, Liechtenstein – und Nauru. Das Geld wird transferiert, verschwindet dann und kommt nach einigen Wochen oder Monaten im legalen Geldkreislauf wieder zum Vorschein: nicht nur sauber, sondern rein. Jeden Tag werden Hunderte solcher Geldwäschegeschäfte abgewickelt.

1998 erklärt Viktor Melkinow von der russischen Zentralbank, die Mafia seines Landes habe Geld über die Einrichtung auf Nauru geschleust und damit 70 Milliarden Dollar gewaschen.[26] Er nennt die Namen Dutzender Banken, die leere Hüllen sind und keinerlei Personal beschäftigen. Der Skandal schadet dem Ruf der USA. Die Bank of New York wird beschuldigt, sie habe 7 Milliarden Dollar gewaschen. Zwei ihrer Angestellten (eine davon ist Vizepräsidentin) haben von der russischen Mafia ungefähr 1,8 Millionen Dollar erhalten und dafür deren zahlreiche Transaktionen durchgeführt. Insgesamt waren es

160.000, und viele Banken sind darin verwickelt, unter anderem eine *shell bank* mit Sitz auf Nauru: Sinex.[27] Der Skandal erschüttert die Finanzwelt und erregt den Zorn der internationalen Kontrollinstanzen, die sich daraufhin mit dem kleinen Land im Pazifik beschäftigen. Nauru kommt auf die schwarze Liste der FATF[28], ein an die OECD angeschlossenes zwischenstaatliches Gremium.

2002 werden zwei der al-Qaida nahestehende Terroristen mit nauruischen Pässen verhaftet. Im Dezember desselben Jahres wird ein Mann festgenommen, der in China einen US-Bürger erstochen haben soll. Der Mann trägt mehrere Pässe bei sich – einer davon ist aus Nauru. So gerät Nauru nach dem Skandal um die Bank of New York erneut ins Visier der Amerikaner. Unmittelbar nach dem 11. September ist der Terrorismus ein sehr heikles Thema. Der amerikanische Außenminister Colin Powell zählt Nauru zu den »rogue states«, den Schurkenstaaten. Im Rahmen des Kampfs gegen die internationale Finanzierung des Terrorismus verbieten die USA sämtliche Geschäftsbeziehungen zwischen amerikanischen Geldinstituten und Nauru. Zuerst die Affäre der *shell banks*, dann der Pass-Skandal: Nauru leistet sich einen Fehltritt nach dem anderen. In den Augen der internationalen Gemeinschaft verliert es damit jegliche Legitimität.

Den Ermittlungen zufolge wurden Dutzende Pässe verkauft. Der Stückpreis lag zwischen 15.000 und 35.000 Dollar.[29] Dieser Handel brachte der nauruischen Regierung angeblich 7,4 Millionen Dollar ein.[30] Den Verkauf der Pässe organisiert die Trans Pacific Development Company, eine Gesellschaft mit Sitz in Washington und Büros in Hongkong und Macao. Das Unternehmen untersteht Paul Little, einem amerikanisch-chinesischen

Geschäftsmann. Die Spuren der Zahlungen verlieren sich in einem dichten Netz aus Briefkastenfirmen und Strohmännern. Aber es gibt Hinweise auf merkwürdige Darlehen: Bei dem Unternehmen wurden mehrere hunderttausend Dollar aufgenommen. Die Empfänger sind niemand anders als Bernard Dowiyogo und René Harris, die beiden Präsidenten Naurus, die sich seit Jahren gegenseitig beerben …

Anfang der nuller Jahre ist Nauru also tief gesunken. Mit unlauteren Mitteln verhökert das Land sein dürftiges Potenzial. Und um seinen Ruf ist es schnell geschehen. Die Insel ist nun als Steueroase bekannt. Ein paar eigennützige Geschäftsleute katzbuckeln jetzt vor den nauruischen Würdenträgern. 2003 erbieten sich drei australische Geschäftsleute, aus Nauru ein riesiges *offshore*-Finanzzentrum mit allen angeschlossenen Aktivitäten zu machen: internationale Investitionen, Banklizenzen, Schiffsregister, Onlinecasino.[31] Die Gewinne sollen zwischen Nauru und den drei Geschäftsleuten aufgeteilt werden. Diese stellen eine einzige Bedingung für den Vertrag: Sie wollen Diplomatenpässe – und die Immunität, die damit verbunden ist. Aber das Projekt der drei Geschäftsleute wird von der australischen Presse aufgedeckt und niemals in die Tat umgesetzt.

Das US-Außenministerium steht mitten im Kampf gegen den Terrorismus und stört sich an den unredlichen Machenschaften Naurus. Es bittet Präsident Bernard Dowiyogo nach Washington, um die Lage zu klären. Der an Diabetes erkrankte Dowiyogo ist schon stark geschwächt und erleidet in den USA einen Herzanfall. Er wird in das Krankenhaus der George-Washington-Universität eingewiesen. Dort verpflichtet er sich auf Drängen der Amerikaner schriftlich, die unerlaubten Geschäftspraktiken Naurus zu beenden. Er stirbt wenige Tage später. Wie gewöhnlich tritt sein Rivale René Harris die Nachfolge an.

Pässe auf Bestellung und nachsichtig verteilte Banklizenzen – Nauru betrügt, um zu überleben. Es sind verzweifelte und letztlich vergebliche Machenschaften, denn angesichts des kolossalen Schuldenberges der Insel erscheinen diese Beträge lächerlich. Das Land brauchte Jahre, bis es seine Situation wieder in Ordnung bringen konnte. Nauru ist nun nicht mehr auf der schwarzen Liste der FATF, ein Beweis für sein Engagement gegen die Geldwäsche. Aber der Pazifikstaat wird weiter streng überwacht.

Die Bank of Nauru, das einzig legale Bankinstitut der Insel, schließt Ende der neunziger Jahre mangels Barmitteln. Hunderte Menschen verlieren an einem einzigen Tag ihre gesamten Ersparnisse. Auf einigen Konten lagen dank der Phosphat-Royalties über eine Million Dollar.

Der Konkurs der Bank of Nauru beschleunigt die Trennung vom nauruischen Immobilienvermögen im Ausland. Die General Electric verlangt die Zurückzahlung ihres Kredits über 268 Millionen Dollar.[32] Der Staat ist ausgeblutet, das Schuldenkarussell dreht sich immer schneller. Allein für die Zinsen des Kredits von General Electric muss das Land 18 Millionen Dollar zahlen. Um die Schulden zu begleichen, entschließt sich die Regierung 2004, ihren gesamten Besitz in Australien und insbesondere das Nauru House Building für 140 Millionen Dollar zu veräußern. Das Land ist in einer verzweifelten Lage.

5

Als der norwegische Frachter *MV Tampa* Ende August 2001 im Pazifik kreuzt, empfängt er einen dringenden Funkspruch der australischen Küstenwache. Ein Holzboot mit zahlreichen Personen an Bord ist in Seenot geraten.

Der norwegische Kapitän ändert seinen Kurs, um ihnen Hilfe zu leisten. Bei seiner Ankunft findet er eine dramatische Situation vor. Das überbesetzte Schiff droht zu sinken. Eilig holt die Mannschaft die *boat people* an Bord. Es sind insgesamt 460 Menschen, darunter 43 Kinder, die meisten von ihnen Afghanen. Für das Ticket in eine bessere Welt haben sie mehr als 5000 Dollar gezahlt – »die Ersparnisse eines ganzen Lebens«. Diese Überfahrt war für die meisten von ihnen die letzte Etappe eines mehrmonatigen Parcours. Sie flohen vor den Taliban, überquerten illegal die pakistanische Grenze, flogen über Malaysia nach Indonesien. Dort warteten sie wochenlang. Fluchthelfer gaben ihnen zu essen und transportierten sie von einem Ort zum anderen. Eines Nachts gingen sie dann an Bord der *Palapa* 1, eine 20 Meter lange Nussschale, und nahmen Kurs auf Australien.

Die sanitären Verhältnisse an Bord der *Tampa* sind dramatisch. Viele Afghanen sind völlig erschöpft, andere haben die Ruhr. Kapitän Rinnan ist beunruhigt, denn sein Schiff kann keine 500 Passagiere aufnehmen. Da erhält er einen Anruf. Die indonesischen Behörden sind bereit, die geretteten Passagiere auf ihrem Territorium aufzunehmen. Als diese Kursänderung bekannt wird, begibt sich eine afghanische Delegation zum Kapitän und verlangt eine Umleitung des Schiffs zur Weihnachtsinsel,

Ankunft afghanischer Asylbewerber in Nauru, 2001

einem australischen Hoheitsgebiet. »Wir wollen nach Australien. Wir haben nichts zu verlieren.« Ihr Verhalten ist aggressiv. Rinnan gibt nach. Aber auf Anordnung des konservativen Premierministers John Howard lehnen es die australischen Behörden ganz entschieden ab, dass diese Menschen auf der Weihnachtsinsel landen. Daraufhin besetzen australische Kommandotruppen die *Tampa*. Die Afghanen sind wegen der plötzlichen Intervention verängstigt. Die Kommandos wissen nicht genau, welche Mission sie an Bord des norwegischen Schiffs erfüllen sollen. Die Lage ist explosiv. Um die Situation zu entschärfen, stoppt Kapitän Rinnan das Schiff etwa 20 Meilen vor der Insel, in Warteposition. Nun beginnen zähe Verhandlungen zwischen Indonesien, den Afghanen und Australien. Sie dauern zehn Tage.

Einige tausend Kilometer entfernt überlebt Nauru mehr schlecht als recht. Die Staatskasse ist leer. Die Phosphatmine exportiert zwar noch ein paar Dutzend Tonnen, aber die Fördermenge ist lächerlich und spielt nicht mehr genug Geld ein, um das Land durchzubringen. Das hochverschuldete Nauru versinkt dauerhaft in einer tiefen wirtschaftlichen Misere. Da erhält Präsident René Harris einen Anruf von John Howard, dem australischen Premierminister. »Er ist ein Freund von mir«, erklärt Harris. »Er bittet mich um Hilfe. Er sucht eine Lösung für das Problem der illegalen Einwanderer. Also schlägt er mir einen Tausch vor: Wir bringen diese Leute auf Nauru unter und bekommen dafür eine beachtliche finanzielle Unterstützung. In Anbetracht der kritischen Lage Naurus habe ich das Angebot angenommen.«

Anfang September 2001 wird der Deal besiegelt: Zwei Auffanglager für Asylbewerber eröffnen auf Nauru. Im Gegenzug liefert Australien logistische Ausrüstung und gewährt einem faktisch bankrotten Staat wirtschaftliche Hilfe. In Australien wird diese Methode die *Pacific Solution* (die »pazifische Lösung«) genannt. Nauru erliegt der Versuchung des frischen Geldes: Das Land bekommt mehr als 30 Millionen Dollar im Jahr. Australien lagert damit ein Problem aus, das seine konservative Regierung vor der öffentlichen Meinung in Verlegenheit bringt. Gerade zum richtigen Zeitpunkt kommt es zu einem Ereignis, das den australischen Behörden hilft, die Bevölkerung von diesem Vorgehen zu überzeugen: dem 11. September 2001 und der Zerstörung der Twin Towers in New York. Vor den Parlamentswahlen setzt die Regierung auf Verständnis und stellt die afghanischen Flüchtlinge teilweise als potenzielle Terroristen dar.

Im Oktober 2001 nimmt Nauru 300 Flüchtlinge der *Tampa* auf. Eilig werden Lager aus dem Boden gestampft und Hunderte Australier auf die Insel beordert, um deren Betrieb zu gewährleisten: Es sind Polizisten und Bewacher, aber auch Bauarbeiter, Diplomaten, Beamte usw. Andere Flüchtlingsboote werden nach Manus und Papua-Neuguinea umgeleitet. Trotz der schnellen Umsetzung kann die Maßnahme den Skandal um die Asylbewerber in Australien nicht aus der Welt schaffen. In Canberra verlaufen die Debatten im Parlament weiter turbulent, und die Opposition beschuldigt Howard, die Menschenwürde der Flüchtlinge nicht zu respektieren. Auch Nichtregierungsorganisationen (NGOs) und die UNO prangern die *Pacific Solution* an. Fast ein Jahr lang widmen alle australischen Zeitungen und Fernsehsender der Entwicklung des Nauru-Problems große Aufmerksamkeit.

Die NGOs und die australische Opposition empören sich über diesen machiavellistischen Vertrag, der letztendlich darin besteht, einem finanziell daniederliegenden Land zu »helfen«, damit es Flüchtlinge aufnimmt, die Australien auf seinem Territorium nicht haben will. Dass die Asylbewerber einen Preis haben und Gegenstand diplomatischer Mauscheleien sind, erzeugt in der australischen Zivilgesellschaft Unbehagen. Die Sache bekommt internationale Tragweite, als die seltenen, zumeist heimlich geführten Interviews mit den Flüchtlingen auf Nauru deren Verzweiflung durchscheinen lassen. Aber Howard und die Liberal Party bleiben hart: »Wir entscheiden, wer und unter welchen Bedingungen in Australien einreist«, verkündet der Premierminister Ende 2001. Die australischen Behörden gehen so weit, dass sie die auf offener See überprüften Personen beschuldigen, ihre

Kinder über Bord zu werfen, und dazu auch noch angebliche Beweisfotos vorlegen.

Diese Menschen werden in einem Land zusammengepfercht, von dem sie vorher noch nicht einmal den Namen kannten, und das im Namen einer Politik der Terrorismusbekämpfung, mit der sie nichts zu schaffen haben. Die *boat people* waren auf der Suche nach einem besseren Leben. Dieses beginnt nun mit einer mehrjährigen Wartezeit und besteht aus Umherirren, Langeweile und Einsamkeit, während Australien immer noch Tausende Kilometer entfernt ist.

Vier Jahre später hat der abgesetzte Präsident René Harris keine Gewissensbisse. »Warum sollte ich? Wir hatten keinen Dollar mehr. Dank dieser Lager hatten wir wieder Hoffnung für die Zukunft. *No refugees, no Nauru.* Ich sag es noch mal: Ohne Flüchtlinge würde Nauru heute nicht mehr existieren.«

Im Jahr 2002 verkörpert die *Pacific Solution* das Unbehagen der internationalen Gemeinschaft gegenüber einer unnachgiebigen australischen Regierung. Viele englischsprachige Journalisten interessieren sich für den Fall Nauru, weil er Ausdruck einer regressiven Einwanderungspolitik ist. Die jüngere Geschichte Australiens zeigt, dass das Land in dieser Hinsicht oftmals diametral entgegengesetzte Wege eingeschlagen hat. Manchmal war die Politik restriktiv und befürwortete insbesondere im Umgang mit den Aborigenes sogar die Rassentrennung, dann wieder liberal wie in den siebziger Jahren, als zahlreiche Griechen, Jugoslawen und Albaner ins Land kamen. Australien ist per Definition ein Einwanderungsland. Aber die Liberal Party hat sich vorgenommen, dem Zustrom von Ausländern ein Ende zu setzen.

Völlig zu Recht ist von »Neokolonialismus« die Rede, denn es wirkt, als hätte Australien Nauru annektiert. Eigentlich verwaltet Australien die Insel wie in der Phase zwischen den beiden Weltkriegen. Die Einmischung Australiens ist umso deutlicher zu spüren, als die beiden Lager so ziemlich die einzigen lebensfähigen Einrichtungen auf der Insel sind. Die Australier schotten die Insel auch nach außen ab. Journalisten werden zu *personae non gratae* erklärt und Visa nur noch tröpfchenweise erteilt. Aus Nauru sickern keinerlei Informationen mehr durch. Einige Journalisten geben sich als Touristen aus, um über die Haftbedingungen der *asylum seekers* zu berichten. Gleichzeitig reißt der Strom der Flüchtlinge nicht ab.

Die Insel hat faktisch keine Kontrolle mehr über ihr Territorium und ihr Schicksal. Sie wird zu einem riesigen Gefängnis unter freiem Himmel. Die Lager sind schnell überfüllt und werden notdürftig umgebaut. Auch Dutzende Kinder werden auf Nauru festgehalten. Im April 2002 protestieren die Asylbewerber gegen ihre Lebensbedingungen. Sie leben zusammengepfercht in Baracken und werden vom Gesichtsfeld der öffentlichen Meinung ferngehalten – doch nun lassen sie sich nicht mehr ins gesellschaftliche Abseits drängen und beginnen einen Hungerstreik. Einige gehen sogar noch weiter und nähen sich die Lippen zu.

Von Nauru aus führen diese im Stich gelassenen Männer und Frauen über Monate, ja zum Teil über Jahre hinweg einen Kampf gegen die Behörden, um mit Hilfe australischer Fachanwälte ein Visa zu bekommen. Aber die Entfernung und die unregelmäßigen Kontakte mit ihren Verteidigern zehren an den Kräften der *asylum seekers*. Die australischen Behörden unternehmen nichts, um konkrete Lösungen zu finden. Die Lager existieren vor allem aus politischen Gründen, und der Flüchtlingsstatus, der es dem Titular ermöglicht, sich in Australien oder Neuseeland niederzulassen, wird nur äußerst sparsam vergeben.

Die Einrichtung dieser Lager hat den Alltag auf der Insel grundlegend verändert, denn sie lebt nun nicht nur für, sondern auch von den Lagern. In wenigen Monaten wurden sie zu Naurus Haupttätigkeit und zu seiner einzigen Geldquelle. In den Lagern arbeiten Dutzende ausländische Angestellte und halten die Wirtschaft der Insel am Laufen: Sie wohnen im Hotel Menen, kaufen in den chinesischen Buden ein und versorgen sich in den wenigen noch funktionierenden Tankstellen mit Benzin. Das erscheint vernachlässigbar, aber auf den zweiten Blick machen diese beiläufigen Einkäufe und Kleinigkeiten einen großen Unterschied aus. 2001 steuerte die Insel auf einen unvermeidlichen Bankrott zu. Als der Betrieb der Flüchtlingslager drei Jahre später seinen Höhepunkt erreicht, scheint sich Naurus Wirtschaft allmählich zu erholen.

2004 sind die Lager mit fast 1200 Flüchtlingen zwar randvoll, zugleich haben sich aber deren Lebensbedingungen verbessert. Ab und zu bekommen die Afghanen, Iraker und Pakistanis auf der Insel Ausgang. Dabei werden sie von sogenannten *life guards* begleitet: Das sind tageweise bezahlte Nauruer, die mit ihnen an den Hafen oder ins Internetcafé des Civic Centre gehen. Dort tauschen sich die Asylbewerber mit ihren Familien und Freunden aus, kaufen noch ein paar Lebensmittel und gehen dann wieder zurück ins Lager.

Die Ankunft der *asylum seekers* hat den Alltag der Inselbewohner anscheinend nicht beeinträchtigt. Sie sprechen nur selten von ihnen. Einige Nauruer haben dank der

Lager einen Job gefunden und können nun ihre Familie ernähren. Aber für die anderen existieren die Asylbewerber gar nicht. »Immerhin kriegen die jeden Tag was zu essen«, meint ein Nauruer. Tatsächlich müssen die Nauruer für ihre tägliche Mahlzeit fischen gehen, während die Iraker, Afghanen und Srilanker freie Kost und Logis bekommen – aber dafür sind sie Gefangene. Keine der beiden Seiten macht sich die Lage oder die Nöte der anderen bis in die letzte Konsequenz bewusst.

Im November 2005 sind nur noch zwei Asylbewerber auf Nauru. Einige Tage zuvor wurden etwa 20 Flüchtlinge nach Australien ausgeflogen. Vier Jahre ist es jetzt her, dass mit der *Pacific Solution* der erste Schwung Asylbewerber auf der Insel angekommen ist. Viele wurden seitdem in ihre Heimatländer zurückgeschickt. Manche wurden jedoch als Flüchtlinge anerkannt und haben damit den Schlüssel für den erhofften Neuanfang in Australien.

Eines der beiden Lager hat nach der Abreise der Gefangenen geschlossen. Es wird aber weiter bewacht. Das Personal ist auch noch da: die australischen Wächter eines privaten Sicherheitsunternehmens, die Bauarbeiter für den Umbau des Camps und die Angestellten der Internationalen Organisation für Migration (IOM), die sich im Lageralltag um die Asylbewerber kümmern und ihnen bei ihren Anträgen helfen.

Ende 2005 besteht die gesamte Lagerbevölkerung nur noch aus zwei Gefangenen mit irakischer Staatsbürgerschaft, Mohammad Faisal und Mohammad Sagar. Dennoch arbeiten jeden Tag fast 150 Angestellte in den Camps. 150 Leute betreuen zwei Asylbewerber: eine absurde Umkehrung der Verhältnisse.

Die Insel ist zwar ziemlich klein, aber es ist gar nicht so einfach, die letzten beiden Flüchtlinge zu finden. Sie sind schon seit ein paar Jahren auf Nauru und haben feste Gewohnheiten angenommen. Im Lager sind sie nur noch selten. Lieber gehen sie ins Internetcafé oder vertreiben sich die Zeit damit, an der Straße entlangzubummeln. »Die Flüchtlinge suchen Sie? Ja, die sind oft hier«, sagt die Betreiberin des Cafés. »Einer der beiden war heute Morgen da. Schauen Sie mal am Hafen. Oft gehen sie am Strand spazieren, oder sie sind an der USP, einer von ihnen nimmt dort Unterricht, glaube ich ...«

Die University of the South Pacific (USP) auf Nauru liegt direkt am Meer und sieht aus wie eine Grundschule: im ersten Stock offene Unterrichtsräume, in denen sich der Wind verfängt, im Erdgeschoss Computersäle und eine kleine Bibliothek. Es gibt also eine Universität auf Nauru, oder zumindest eine Niederlassung des »Stammhauses«, das sich in Suva, auf den Fidschi-Inseln, befindet. Mit der University of South Pacific verhält es sich wie mit den Inseln des Großen Ozeans: Unzählige Ableger des Instituts sind über ganz Ozeanien verstreut, damit die Bewohner der ganzen Region Zugang zu akademischem Wissen haben.

Mohammad Sagar hat ein rundes, freundliches Gesicht, er ist etwa dreißig. Er trägt eine Schirmmütze und ein tadellos gebügeltes Hemd. Gerade kommt er aus dem Computerraum der USP. »Ich bin jetzt seit drei Jahren auf Nauru. Meistens habe ich nichts zu tun. An der USP vergeht die Zeit wenigstens ein bisschen schneller.«

Dann erzählt Mohammad, wie ihn seine persönliche Odyssee durch Zufall nach Nauru geführt hat. Sie dauert fünf Jahre, in denen er sich verstecken und vor dem irakischen Regime Saddam Husseins fliehen muss, das ihm mit dem Tod drohte. »1997 ging ich mit meiner Familie in den Iran. Mein Mikrobiologie-Studium musste ich aufgeben. Im Irak waren wir in Gefahr. Aber unser Leben im Iran war auch nicht einfach. Wir kamen ja aus dem Irak. Deshalb entschied ich mich, nach Australien zu gehen.« Zwei Jahre lang irrt Mohammad zwischen dem Iran, Malaysia und Indonesien umher. Er versucht ein Boot zu finden, mit dem er nach Australien kommt. Er will »ein neues Leben anfangen«.

An einem Tag im Oktober 2001 bekommt Mohammad einen Platz in einem Boot, um den Indischen Ozean zu überqueren. »Es war 19 Meter lang und völlig überfüllt. Wir waren 120 Leute an Bord. Aber das war nicht so schlimm, denn solche Boote sind immer überfüllt. Die Nachfrage nach illegalen Überfahrten ist so groß, dass die Menschenschmuggler uns zusammenpferchen. Das Schwierigste war die Fahrt an sich. Die Nerven lagen blank. Manchmal gab es wegen irgendwelcher Lappalien Schlägereien und wir wären fast gekentert. Dieses Warten mit dem endlosen Ozean vor Augen, das ist wirklich unerträglich. Es gibt nichts, worauf man seinen Blick fokussieren kann.«

Drei Tage lang treibt das Boot im Meer. »Wir kamen in die Nähe der Weihnachtsinsel, aber dann brachte uns die australische Küstenwache auf. Das Boot war in einem sehr schlechten Zustand, Wasser drang ein, es begann zu sinken. Als die Küstenwache uns fand, waren wir erleichtert. Sie retteten uns vor dem Ertrinken. Die Erleichterung währte nicht lange, denn zugleich machten wir uns Sorgen, dass wir möglicherweise in den nächsten Wochen zurückgeschickt würden.«

Nun beginnt für Mohammad und die anderen illegalen Einwanderer der schlimmste Teil der Reise. Alle wollen Visa für Australien. Mohammad beantragt politisches Asyl, um den Flüchtlingsstatus zu erlangen. Bis ihre Fälle behandelt werden, bringt man sie in ein Lager auf der Insel Manus in Papua-Neuguinea. Mohammad bleibt elf Monate dort. »Eines Tages verfrachteten sie dann mehrere von uns mit Gewalt in ein Militärflugzeug. Sie sagten uns, wir würden nach Nauru verlegt.«

Die ersten Tage sind schrecklich. »Wir kamen abends an. Es war niemand von der IOM oder vom UNHCR[33] da, um uns in Empfang zu nehmen. Nur australische Polizisten erwarteten uns und brachten uns sofort ins Lager. Wir mussten einen Monat warten, bevor wir einen Verantwortlichen vom IOM zu Gesicht bekamen. Das war wieder einmal eine schwere Zeit für uns. Für mich, der ich aus dem Irak und dann aus dem Iran geflohen war, war es besonders aufreibend, in einem Land zu sein, von dem ich noch nie zuvor gehört hatte.«

Monate vergehen. Die Asylbewerber wie Mohammad dürfen das Lager nur einmal im Monat verlassen. Im Lager freundet er sich mit anderen Asylbewerbern an. »Aber ich hatte nur sehr wenig Kontakt mit Nauruern. Niemand hatte sie gefragt, ob sie uns auf ihrer Insel haben wollten. Ich glaube, es war schwer für sie, als sie zusehen mussten, wie 1000 Leute hier ankamen.«

Wir schreiben das Jahr 2005, und Mohammad ist somit in seinem vierten Jahr auf Nauru. Alle seine Freunde durften nach Australien ausreisen, nur er nicht. »Das Lager leerte sich allmählich. Zuerst waren wir noch 300, dann weniger als 100 und schließlich nur noch etwa 20. Dann bekamen auch noch die Letzten ihre Papiere. Jetzt sind nur noch wir zwei übrig. Das Schlimmste ist die Einsamkeit. Gestern Abend lief ich durch das Lager, aber ich hatte niemand, mit dem ich sprechen konnte. Ich war allein. Der einzige Vorteil, nur noch zu zweit zu sein, besteht darin, dass ich jetzt jederzeit aus dem Lager herauskann. Aber wohin soll ich denn gehen?«

Es sind Jahre vergangen und sein Fall ist immer noch in der Schwebe. Seiner Ansicht nach muss er immer noch auf Nauru büßen, weil er an Bord des berühmt-berüchtigten Schiffs war, dessen Passagiere angeblich Kinder über Bord warfen. »Diese Geschichte stimmt natürlich nicht. Aber die australische Regierung hat sie gegen uns verwendet und uns als Kindermörder hingestellt. Ich glaube, ich war zur falschen Zeit am falschen Ort. Und jetzt bin ich hier und warte. Ich bin zutiefst davon überzeugt, dass uns die australischen Einwanderungsbehörden gezielt absondern, bis wir zusammenbrechen und aufgeben. Wir sollen einfach nur in unser Heimatland zurückkehren. Aber ich kann nicht in den Irak zurück. Und es gibt kein anderes Land, das mich aufnehmen will.«

Das australische Konsulat auf Nauru befindet sich neben dem Hotel Menen, in dem die australischen Arbeitskräfte absteigen, ganz gleich, ob sie Lagerwächter, Polizisten oder einfache Angestellte sind. An diesem Morgen findet eine informelle Sitzung statt, bei der die Amtsübergabe zwischen zwei Konsuln erfolgt. Das Konsulat wurde 2002 eröffnet und ist eigentlich ein Provisorium. Aber die »pazifische Lösung« zieht sich hin. Deshalb verlängert das Konsulat jedes Jahr seinen Mietvertrag. Im selben Gebäude befindet sich auch ein Büro der DIMIA, der australischen Einwanderungsbehörde. Ihre Angestellten bearbeiten die Visumsanträge der *asylum seekers*.

»Die Auffanglager sind eine befristete Etappe für die Asylbewerber. Sie sind auf der Durchreise. Wir versuchen, für jeden der vorliegenden Fälle eine angemessene Lösung zu finden«, erklärt der scheidende Konsul sehr diplomatisch.

Er fährt fort: »In gewisser Weise sind diese Lager eine Botschaft, die unsere Regierung all jenen vermitteln will, die in Asien oder anderswo versucht wären, nach Australien zu kommen. Den Leuten, die illegal auf unser Territorium gelangen wollen, zeigen wir damit, dass wir unnachgiebig sein werden.« Mehrere Jahre auf Nauru zu verbringen ist für potenzielle Asylbewerber in der Tat eine sehr abschreckende Perspektive.

Der andere Asylbewerber, Mohammad Faisal, verlässt das Camp State House nur noch selten. Vor etwa 20 Jahren stand an diesem Ort der frühere Amtssitz des Präsidenten. State House befindet sich auf dem Zentralplateau der Insel, nicht weit von den ersten *pinnacles* des Phosphatabbaus. Der Amtssitz des Präsidenten musste an der höchstgelegenen Stelle Naurus stehen. Die Straße dorthin ist einer der letzten Orte der Insel, die noch von üppiger Vegetation gesäumt ist. Riesige, jahrhundertealte Bäume überragen den beschädigten Asphalt. Es ist angenehm kühl hier. Zu beiden Seiten der Straße kaschiert diese grandiose Flora einige diskrete Häuser.

Am Ortseingang von State House befindet sich ein großer Kreisverkehr, der den australischen Wächtern als Checkpoint dient. Im Hintergrund ist das Lager zu erkennen. Es ist von einem hohen Zaun umgeben und mit einer Schranke abgesperrt. Im Inneren des Lagers stehen lange, beige Baracken aneinandergereiht. Bei den meisten sind die Fensterläden geschlossen. In der Mitte des

Lagers thront ein riesiger Wasserspeicher. Jemand hat hastig das Wort »Freedom« daraufgesprayt.

Mohammad Faisal öffnet die Tür seiner Baracke. Er trägt einen Trainingsanzug, ist unrasiert und hat die Haare zu einem Pferdeschwanz gebunden. Die Begrüßung ist herzlich. Mitten im Zimmer stehen ein Fernseher und eine imposante Stereoanlage. Als Mohammad nach Nauru kam, war er 22. Inzwischen sind vier Jahre vergangen. Er fühlt sich nicht mehr auf der Durchreise, er hat sich eingerichtet. »Ich danke Ihnen für Ihren Besuch. Die Tage sind hier sehr lang. Noch dazu habe ich Sehstörungen, die mich stark beeinträchtigen. Machen Sie sich keine Sorgen, wenn ich Ihnen nicht in die Augen schaue ... Es freut mich jedenfalls, dass ich Sie bei mir willkommen heißen darf.«

Er steht auf und holt uns Pepsi-Dosen. Lächelnd berichtet er uns von seinem Alltag. Zunächst war das Lagerleben schwierig, dann wurde es zwangsläufig immer besser organisiert. Die gegenseitige Unterstützung und die Solidarität unter den Asylbewerbern machte die Einsamkeit erträglicher. Mohammad springt plötzlich auf und zeigt uns Fotos aus dem Lager. Man sieht Leute Schach spielen und vor der Kamera posieren, immer wirken sie fröhlich. »Das waren meine Freunde. Die meisten sind als Flüchtlinge anerkannt worden und leben jetzt in Australien. Ich höre oft von ihnen. Ich freue mich, aber zugleich bin ich traurig, weil es mich wieder an meine Situation auf Nauru erinnert. Mein Fall kommt nicht voran und ich weiß immer noch nicht, warum.«

»Vier Jahre Wartezeit ... Mein Leben ist zerstört. Ich bin allein. Ich bin aus einem Land geflohen, in dem ich ständig vom Tod bedroht war. Und jetzt bin ich auf einer

Insel, auf die ich nie wollte. Aber für mich ist es dasselbe. Es ist wie ein kleiner Tod. Ich kann nicht über mein Leben bestimmen; solange ich auf Nauru bin, lasse ich es einfach über mich ergehen. Inzwischen bleibe ich lieber hier im Lager. Für mich gibt es nichts Deprimierenderes, als herumzulaufen und den Ozean zu sehen. Denn auf Nauru gibt es keine Aussicht – nur das Meer. Wenn ich alleine bin und den Ozean anschaue, fühle ich mich wie im Gefängnis. Deshalb bleibe ich hier. Aber auch das ist schmerzlich für mich. Denn ständig mache ich mir Gedanken. Über meine Zukunft, wenn ich überhaupt eine habe. Über mich selbst. Warum? Warum ich? Warum bin ich hier? Ich habe keinen Appetit mehr, ich kann nicht mehr schlafen.« Mohammad hält inne, er seufzt. »Manchmal frage ich mich, ob es nicht besser wäre, wenn ich es dabei belassen würde, dem allen ein Ende bereite.«

2006, ein Jahr nach diesem Treffen, hat Mohammad sich seinen Traum erfüllt. Nun ist er in Australien. Er wurde in die psychiatrische Klinik in Brisbane eingewiesen.

6

Ein hochverschuldetes Land, das einmal das höchste Bruttoinlandsprodukt pro Kopf hatte. Ein Staat, dem die Hände gebunden sind und der sich damit abfindet, sein Territorium als Flüchtlingslager zu verpachten. Nauru vereint diese Extreme. Vor wenigen Jahren noch wurde sein Reichtum in Milliarden Dollar geschätzt. Von diesen Milliarden ist nichts oder fast nichts mehr übrig.

»Das Geld hat sich in Luft aufgelöst«, sagen die Leute auf der Insel und zucken mit den Schultern. Bei jeder

Begegnung wird das Thema Verschwendung angesprochen. Bei jeder Begegnung bleiben die Kommentare der Nauruer vage. Der Groll der Bevölkerung auf die politische Klasse offenbart sich selten. Nur wenige Bewohner wagen es, ihrer Wut öffentlich Ausdruck zu verleihen.

Roland Kun ist ein etwa vierzigjähriger nauruischer Abgeordneter und wurde 2007 Justizminister. In einer Unterhaltung bekennt er: »Über dreißig Jahre lang gab es viel Korruption. Die Machthaber fühlten sich wie in einem Selbstbedienungsladen und verwechselten oft die Staatskasse mit ihrer eigenen Brieftasche.« Auch hier halten sich die Gesprächspartner bedeckt, und die Namen der betroffenen Personen bleiben auch dann ungenannt, wenn sie ein offenes Geheimnis sind. Auf Nauru gibt es keine Kritik oder, besser gesagt: Sie ist einem kleinen Kreis von Freunden vorbehalten. Man benennt die Menschen und Dinge nicht. Alles kommt heraus, aber niemand spricht darüber. Die Familienbande sind so unentwirrbar verschlungen und eng, dass sie sich wie ein Mantel des Schweigens über die kleine Pazifikinsel legen. Man kann die Behörden nur schwerlich kritisieren, weil jede Familie zumindest entfernt mit jemand in der Regierung verbunden ist: Ein Onkel ist Minister, ein Neffe ist enger Berater eines Ministers, ein Vater ist stellvertretender Polizeichef, eine Tochter hat eine verantwortungsvolle Stelle in einem der unzähligen Regierungsbüros des Civic Centre. Auf Nauru werden die Posten häufig untereinander durchgewechselt. Außerdem sehen sich die Nauruer wie bei einem Glockenspiel im Abstand von einigen Jahren immer wieder mit denselben Personen auf denselben Posten konfrontiert, weil das Zusammenwirken der Bündnisse im Parlament die Regierung jederzeit zu Fall bringen kann. Wer würde einen abgesetzten Parlamentarier beleidigen, der von einem Tag auf den anderen als Präsident eingesetzt werden kann?

Jemanden zur Rechenschaft zu ziehen ist deshalb eine heikle Mission, auch wenn in 20 Jahren Hunderte Millionen Dollar verschwunden sind. Und der Grund dafür ist sehr einfach: Solange Nauru auf einem Haufen Dollar saß, achtete niemand wirklich auf die Staatsfinanzen. Die ersten Verfehlungen entstanden aus diesem Mangel an Kontrolle und Führung. Und als die Vorboten eines Abflauens der Wirtschaftsaktivitäten zu spüren waren, war die Bevölkerung noch nicht beunruhigt.

Viele der Finanzprojekte verursachten Verluste, und zweifellos gelangten nicht alle Skandale an die Öffentlichkeit. Von wohlmeinenden »Beratern« bis hin zu hochtrabend angepriesenen Projekten für Neureiche (Hochhäuser, Luxushotels usw.) – an Beispielen für die Vergeudung von Mitteln mangelt es jedenfalls nicht. Aber vor allem der Kauf von Immobilien trug zum Ruin Naurus bei.

Das Grand Pacific Hotel in Suva, der Hauptstadt der Fidschi-Inseln, ist ein hervorragendes Beispiel für einen Ehrgeiz, bei dem die Augen größer waren als der Magen. Das Grand Pacific Hotel war eines der schönsten Hotels der Stadt. Das 1914 im Kolonialstil erbaute Gebäude verzauberte die Besucher mit seinen großen Bögen und den ausgedehnten, üppigen Gärten. Für viele Australier und Briten, die in Suva Geschäfte machten, war es der bevorzugte Ort für eine Ruhepause. Sie entspannten sich auf den Balkonen mit Blick auf den Hafen.

Vinci Clodumar war in den neunziger Jahren Direktor des Nauru Phosphate Royalties Trust. 1988 rechtfertigt er die Investitionen in dieses Hotel wie folgt: »Als das Grand Pacific vor 74 Jahren eröffnet hat, wurde es zum wirtschaftlichen und sozialen Zentrum der Insel. Über all diese Jahre erwarb es sich einen großartigen Ruf im ganzen Pazifikraum. Sein Stil, sein Personal und sein Service machten es zu einem ernstzunehmenden Konkurrenten der größten Hotels in der Region, wie etwa das Raffles in Singapur oder das Peninsula in Hongkong. Das Ziel unserer Investitionen in das Grand Pacific Hotel ist es, diesen Geist des Pazifiks auszudehnen, und das nicht nur, um das Erbe der Fidschi-Inseln zu bewahren, sondern das Erbe des gesamten Südpazifiks.«

Nun werden die größten Architekten engagiert, um dieses Kulturdenkmal zu renovieren. Aus Australien werden renommierte Innenausstatter gerufen. Sie sollen die Salons nach den ursprünglichen Plänen wiederherstellen, die dem damals allseits beliebten Ort die besondere Atmosphäre verliehen. 1992 schließt das Pacific Grand Hotel wegen Renovierung. Solange es Nauru gehört, hat es nicht wieder geöffnet. Erst 2003 machte die Regierung der Fidschi-Inseln Druck, damit Nauru das Luxushotel verkaufte, das es mehr als zehn Jahre hatte verkommen lassen. Für das kleine Land sind die Träume von Grandezza vorüber. An allen anderen Ecken und Enden Ozeaniens ergeht es ihm ähnlich: Auch auf Hawaii, den Samoa-Inseln, Guam, in Neuseeland oder Melbourne bringen die Investitionen in Hotelanlagen nichts ein.

Anfang der nuller Jahre will eine neue Generation junger, ehrgeiziger Leute der politischen Heuchelei ein Ende setzen, die den Nauruern immer noch eine strahlende Zukunft für ihr Land vorgaukelt. Mit Worten und Taten versuchten die sich Jahr für Jahr abwechselnden Präsidenten Harris und Dowiyogo, eine Bevölkerung zu beschwichtigen, die dennoch immer größere Zweifel hegte. Die Errichtung der Lager für Asylbewerber war der Tropfen, der das Fass zum Überlaufen brachte. In Ermangelung anderer Ressourcen hat Präsident Harris das Land »verkauft« und damit nach einigen Monaten eine enorme Unzufriedenheit hervorgerufen.

In diesem überreizten politischen Klima entsteht die erste organisierte Protestbewegung des Landes: *Naoero Amo*. Übersetzt heißt das: »Nauru zuerst«. Ein einziger Satz fungiert als Leitmotiv für eine Gruppe junger Nauruer – sie wollen Dinge verändern, die auf der Insel bestehenden Tabus brechen und sich dem Versiegen der gottgegebenen »Phospho-Dollars« stellen. Diese Nauruer um die dreißig haben im Ausland studiert, vor allem in Australien. Sie haben vom materiellen Wohlstand des Landes profitiert und die goldenen Zeiten Naurus erlebt. *Naoero Amo* wurde aus diesem Willen zur Veränderung geboren, und das hauptsächlich auf Betreiben von Kieren Keke, Roland Kun und David Adeang.

2005 wird David Adeang Finanz- und Außenminister von Nauru. In der Regierung von Ludwig Scotty verkörpert er exemplarisch, was Nauru in den siebziger und achtziger Jahren hervorgebracht hat. Als Sohn von Kerann Adeang, der 1986 Präsident war, ist er der Archetyp des jungen Nauruers, auf den das Land seine Zukunft gründet. Auf Nauru verbringt er zwölf Stunden am Tag in seinem dunklen Büro neben dem Parlament und zappt zwischen Telefonen, seinem Organizer und seinem Laptop. »Als ich klein war, konnten wir vom Fenster unseres Klassenzimmers sehen, wie drei oder vier Frachter vor dem Hafeneingang warteten. Mit Laderäumen voller Phosphat fuhren sie zwischen Nauru und Australien hin und her«, erzählt er. »Am Flughafen sahen wir den Flugzeugen von Air Nauru beim Starten und Landen zu. Damals herrschte auf Nauru Hochbetrieb.« Dennoch hinterlässt der plötzliche Niedergang der Insel auch bei dieser sorglosen Jugend ihre Spuren.

In den neunziger Jahren schrillen die Alarmglocken, ein böses Erwachen für die jungen Nauruer. Endlich werden sie sich der bevorstehenden Katastrophe bewusst. Dieses Aufkeimen eines staatsbürgerlichen Bewusstseins trägt den Namen *The Visionary* – eine Zeitung, die zunächst nur unter der Hand weitergereicht wird. In dieser Publikation verfassen Kieren Keke und seine Komplizen heftige Pamphlete gegen die Regierung. Die Bevölkerung ist zunehmend verärgert über die Unbekümmertheit der politischen Klasse. Sie liest die Zeitung immer aufmerksamer und macht ihrer Wut zunehmend Luft. »Wir wollten eine Entwicklung anstoßen. Denn Anfang der nuller Jahre gelangte keinerlei Information vom Parlament in die Öffentlichkeit«, fährt Kieren Keke fort. Er ist der einzige nauruische Arzt der Insel und muss 2005 seinen Beruf mit dem Amt des Gesundheitsministers verbinden.

Der politische Ableger von *The Visionary*, die Partei *Naoero Amo*, wird von den Machthabern als störend empfunden. Dass diese Nauruer Transparenz in Finanzfragen verlangen, sorgt für Verstimmung. »Wir waren lästig«, bringt Roland Kun es auf den Punkt. Seit Beginn der neunziger Jahre war keine Rechnungsprüfung und kein Bericht über die Aktivitäten der Bank of Nauru, der Nauru Phosphate Corporation oder über die zahlreichen anderen Regierungstätigkeiten veröffentlicht worden. Die Führung der

Insel war völlig undurchsichtig, und das zu einem Zeitpunkt, an dem das Land eine strenge Haushaltspolitik gebraucht hätte, um sich aus seiner schwierigen Lage zu befreien. Von nun an gibt *The Visionary* den Spielverderber. Die Zeitung enthüllt die diversen Ausgaben eines gewissen René Harris, seines Zeichens Präsident der Republik, und insbesondere ein Konto auf seinen Namen mit 231.000 australischen Dollar, das nach Angaben von *The Visionary* von der Nauru Phosphate Corporation gefüllt wurde, die Harris einmal geleitet hat.[34] Und was ist von dem Darlehen über mehr als 1,5 Millionen Dollar zu halten, das derselbe René Harris bei der Bank of Nauru aufgenommen hat und um dessen Rückzahlung sich einfach niemand kümmern wollte? Die jungen Wilden werfen dem Präsidenten auch seinen luxuriösen Lebenswandel vor, lässt sich dieser doch nur schwerlich mit den roten Zahlen im Staatshaushalt vereinbaren. Außerdem kritisieren sie den Deal, den Harris und Australien für die Pazifische Lösung abgeschlossen haben. Die Reaktion lässt nicht auf sich warten. René Harris suspendiert David Adeang von allen Funktionen als Berater der damaligen Regierung, und er hindert Kieren Keke daran, im Krankenhaus von Nauru als Arzt zu praktizieren. *Naoero Amo* verkörpert den Wunsch nach einem Wiederaufbau des Landes – und er stößt sich dabei an der Unnachgiebigkeit der politischen Klasse, allen voran René Harris.

Nun macht sich *Naoero Amo* für Transparenz stark. Die Gruppe durchforstet jedes Jahr der Staatskonten in der Vergangenheit und recherchiert die Verluste der verheerenden Investitionspolitik. Die Rechnung der folgenschweren Verfehlungen wird immer höher. Ende der achtziger Jahre schätzte man den Wert der Immobilien

Naurus in der ganzen Welt auf 1,2 Milliarden Dollar. 2003 beziffert man ihn nur noch auf 130 Millionen Dollar. Die Journalisten von *The Visionary* machen die Bevölkerung auch als Erste auf die Gefahren des großen Kredits bei General Electric aufmerksam, der nur dazu dient, andere Kredite abzudecken, und jedes Jahr Millionen Dollar Zinsen verschlingt.

Ihre Bestandsaufnahme sorgt für Unbehagen. Sie deckt den Filz auf, der schon immer auf Nauru herrscht. Hinzu kommt die Finanzkrise nach dem Konkurs der Bank of Nauru, das erste sichtbare Zeichen für den Niedergang des Landes. Die Bank ist heute eine leere Hülse und öffnet ihre Schalter nur noch einmal im Monat, um die Staatsangestellten zu bezahlen. »Aber virtuell sind die Nauruer reich«, erklärt Roland Kun. »Die Konten sind immer noch offen und die Beträge immer noch ausgewiesen. Nur dass die Bank eben kein Geld mehr hat.«

Die politischen Ambitionen von *Naoero Amo* erfüllen sich im Juni 2004, als Ludwig Scotty die Regierungsgeschäfte übernimmt. Die meisten aktiven Mitglieder der Oppositionspartei finden sich in seinem Kabinett wieder: Zu Kieren Keke und David Adeang gesellt sich Frederick Pitcher, ein brillanter Rechtsanwalt. Bevor er Industrieminister von Nauru wurde, hat er lange für die Asiatische Entwicklungsbank gearbeitet. Auch als Teil der Regierung setzen sie ihre Aktion »Weiße Weste« fort und machen nun öffentlich, welche Rolle Air Nauru in dem allgemeinen Finanzdesaster gespielt hat.

Der Jungfernflug von Air Nauru findet am 14. Februar 1970 statt. An diesem Tag startet der Jet Falcon »Nauru's Chief« der Gesellschaft zum ersten Mal. Später vervollständigen mehrere Fokker 28 und Boeing 737 die Flotte von Air Nauru und machen sie in den achtziger Jahren zur größten Fluggesellschaft des Pazifiks. Air Nauru zieht die damals expandierenden Reiseveranstalter an und erweitert sein Streckennetz schnell: Guam, Kiribati, Neukaledonien, Japan, die Fidschi-Inseln, Hongkong, Taiwan, Singapur, die Karolinen, die Marshall-Inseln, Hawaii, Papua-Neuguinea, Mikronesien, die Salomon-Inseln, Vanuatu, Samoa, Tonga, Palau, die Marianen, Wallis und Futuna und natürlich Neuseeland und Australien (Melbourne, Sydney, Brisbane) werden angeflogen. Die Flotte wird von einer auf fünf Boeings vergrößert. Der Präsident setzt allmählich seinen Plan um, die Völker des Pazifiks über den Luftweg zu verbinden.

Solange König Phosphat regiert, zahlt Air Nauru gut. Australische, englische und italienische Piloten bieten der kleinen Fluggesellschaft ihre Dienste an. Sie hat die besten Wartungs- und Instandhaltungsdienste Ozeaniens. Der internationale Flughafen von Yaren wird ein »Hub«: eine unvermeidliche Etappe für australische, japanische und fidschianische Geschäftsleute, die in dieser kleinen pazifischen Enklave der Modernität voller Souvenirläden und klimatisierter Wartesäle zwischenlanden müssen. Nauru macht sich in Ozeanien vor allem dank seiner Fluggesellschaft einen Namen. Sie fliegt zwar auch zu den unmöglichsten Zielen, aber sie hat immerhin den Vorteil, die Abgeschiedenheit des Landes zu überwinden. Australien ist ebenso mit dem Flugzeug erreichbar wie Hawaii oder Neuseeland. Für die wirtschaftliche Entwicklung der Insel ist das ein bedeutender Faktor.

Aber das alles hat seinen Preis – und der ist astronomisch. Der Führungsstil der Gesellschaft ist improvisiert und beruht auf Gutdünken. »Eines Tages musste der Präsident nach Australien. Weil er alleine reisen wollte, nahm er sich einfach eine Boeing. Problematisch war nur, dass Dutzende Passagiere, die für den Flug gebucht waren, auf dem Rollfeld des Flughafens zurückblieben und bis zum nächsten Flug einen Tag später warten mussten«, erzählt ein alter Nauruer, der sich um die Gärten des Hotel Menen kümmert.

Der australische Pilot John Laming arbeitete viele Jahre lang für Air Nauru. Während zahlloser Schichten über dem Pazifik sammelte er Anekdoten, die erahnen lassen, wie katastrophal die nauruische Regierung die Fluggesellschaft verwaltete. »Auf dem Hinflug der Verbindung nach Japan waren meistens nur wir Piloten und die Stewardessen an Bord. Wir flogen also leer los und kamen mit ein oder zwei Passagieren zurück.[35] Der Präsident hielt es nicht für notwendig, Air Nauru zu bewerben. Einmal war ein kaufmännischer Leiter eingestellt worden. Er kam aus Irland und hielt mit seiner Meinung nicht hinter dem Berg. Während einer Sitzung wagte er es, dem Präsidenten zu sagen, dass für Air Nauru geworben werden müsse und dass die unzähligen Verbindungen im Pazifik unnütz seien. Er wurde sofort entlassen.«

John Laming vermutet, dass die Fluggesellschaft die Hälfte der jährlichen Einnahmen Naurus verschlang, also ungefähr 40 Millionen Dollar. Bei einer Auslastung von weniger als 20 Prozent waren die Flüge nicht rentabel. Was zählte, war aber, dank Air Nauru die Länder des Pazifiks zu verbinden. So wollte es der Präsident, auch wenn sich dieser Wille wie wirtschaftlicher Nonsens anhören mag.

In Anbetracht dieser Zahlen müssen die Verluste von Air Nauru enorm gewesen sein. Allein durch den Betrieb dieses Unternehmens entstanden schätzungsweise 500 bis 600 Millionen Dollar Verluste. Wie es weiterging, ist bekannt: Da Air Nauru wirtschaftlich instabil ist und nicht alle Verbindungen aufrechterhalten kann, entledigt sich die Airline einer Boeing nach der anderen, bis ihr nur noch eine bleibt. Das Flugzeug wird 2005 von einer Bank gepfändet, als Entschädigung für einen Kredit, den Nauru niemals zurückgezahlt hat.

Einige Jahre nach der Unabhängigkeit hatte die Insel auch ihre eigene Schifffahrtsgesellschaft gegründet, die Nauru Pacific Line. Da Nauru keine eigene Landwirtschaft betrieb, wurden alle Nahrungsmittel auf Frachtern importiert. Dafür exportierte das Land sein Phosphat. Die Gesellschaft besaß bis zu fünf Schiffe. »Aber zwei hätten problemlos ausgereicht«, erklärt Freddy Pitcher. Das Unternehmen steckte chronisch in den roten Zahlen. Als der Phosphatabbau zurückging, schrumpfte auch sein Umsatz zusammen. 1992 musste die Nauru Pacific Line endgültig schließen.

Nauru hat zwar einen Hafen, aber keine Schiffe mehr, die dort anlegen. Nauru hat einen Flughafen, aber keine Flugzeuge mehr, die dort landen. Ein ganzes Jahr lang gibt es nur noch unregelmäßige Charterflüge nach Australien. 2006 lässt Taiwan Air Nauru unter dem Namen Our Airline wieder aufleben. Eine Boeing 737 »Made in Taiwan« ist für die Insel nun die einzige Verbindung zur Außenwelt.

Aufgrund der verschachtelten Investitionen im Ausland und der brachliegenden Projekte ist es fast unmöglich zu rekonstruieren, wie viel Nauru seit seiner Unabhängigkeit verloren hat. Geld hat nie wirklich gezählt für die Nauruer, deshalb haben sie auch nie richtig nachgezählt. Manche australische Experten sprechen von insgesamt zwei Milliarden Dollar Verlusten.[36] Ein stolzes Ergebnis für etwas mehr als 7000 Einwohner …

7

Auf der einzigen Straße der Insel fährt regelmäßig ein prächtiger Mercedes E-Klasse 220 CDI. Er hat jede nur denkbare Sonderausstattung: getönte Scheiben, Leichtmetallfelgen, integriertes GPS. Auf der einen Seite haufenweise verrostete Autowracks und verrammelte Verkaufsbuden, seit 20 Jahren undichte Dächer und der aufgerissene Boden mit den riesigen Korallenfelsen. Auf der anderen der Strand, die Palmen und die Orangetöne eines filmreifen Sonnenuntergangs. Und in der Mitte dieser funkelnde Mercedes, der um die Insel kurvt.

In den neunziger Jahren wäre so ein Auto nicht aufgefallen. Jeden Monat kamen ein oder zwei Frachter aus Australien und lieferten neue Wagen: hochmoderne Toyota-Pick-ups, deutsche Limousinen usw. In den siebziger Jahren hatte sich der Polizeichef sogar einen Lamborghini geleistet. Leider lag die Karosserie so tief, dass die auf die Straße gefallenen Kokosnüsse immer wieder die Ölwanne durchschlugen. Folglich blieb das Auto in der Garage, bis es irgendwann für ein Butterbrot an einen Australier weiterverkauft wurde. Der übergewichtige Polizeichef hätte sowieso nicht mehr in den Schalensitz gepasst.

Heute rosten die Autos auf Nauru. Wenn sie überhaupt noch fahren. In unregelmäßigen Abständen beliefert ein Tanker die Insel mit Benzin. Mangels Geld ist der Treibstoff rationiert und mitunter muss man sich zwei Monate lang mit versiegten Zapfsäulen abfinden.

Der Besitzer des schwarzmetallic lackierten Mercedes heißt King Yu. Er hat einen Seitenscheitel und sein zierlicher Körper steckt in einem hellen, taillierten Hemd. Er trägt einen Aktenkoffer. King Yu ist der Botschafter Taiwans auf der Insel Nauru. Er vertritt die Interessen seines Landes und die der Taiwaner, die auf der Insel leben und arbeiten, im Moment also er selbst und sein Erster Sekretär, Franck Tsay.

Demnach gibt es eine offizielle Botschaft auf Nauru, so überraschend das auch erscheinen mag. Und seltsam, es ist keine amerikanische oder australische Botschaft, sondern eine taiwanische. Der Grund dafür ist einfach: Im September 1999 ist Nauru mit seinen 9000 Einwohnern als 187. Staat der Vereinten Nationen anerkannt worden. Das Land verfügt über eine Stimme in der Vollversammlung, einen Vertreter in New York und entsprechende Büroräume. Taiwan mit seinen 23 Millionen Einwohnern muss hingegen auf all das verzichten. Seit Jahren bittet Taiwan um eine Vertretung bei der UNO, was faktisch einer offiziellen Anerkennung als Staat gleichkäme. Aber diese Anfrage ist stets unter Berufung auf das Prinzip abgelehnt worden, dass dort nur ein einziges und unteilbares China einen Sitz haben dürfe: die Volksrepublik China, die seit 1971 ständiges Mitglied des Sicherheitsrats ist und Taiwan immer noch als abtrünnige Provinz ansieht. Deshalb sucht sich Taiwan »einflussreiche« Verbündete, um seinen Status als souveräne Nation zu untermauern.

»Im Austausch für seine Treue unterstützt Taiwan Nauru ein wenig bei seiner wirtschaftlichen Entwicklung.« Franck Tsay, Erster Sekretär der Botschaft von Taiwan, spielt den Einfluss seines Landes auf Nauru herunter. Er sieht aus wie ein Doppelgänger des Botschafters und erinnert an einen Diplomaten, der sich in ein exotisches Land verirrt hat: weißes Hemd, dunkle, korrekte Hose, Buchhalterbrille. »Wir versuchen beispielsweise, eine Landwirtschaft aufzubauen. Das ist nicht einfach, aber wir haben die ersten Gewächshäuser hochgezogen. Der Anfang ist gemacht. Wir liefern ihnen auch Fischereiausrüstung.« Franck Tsay hält kurz inne. »Für ihre Stimme bekommen sie unsere Unterstützung.« In der Region von Nauru gibt es viele Leute wie King Yu und Franck Tsay. Sie sind in den Ländern des Pazifiks unterwegs, die kaum größer sind als Nauru, aber für Taiwan von großem Interesse sind, weil sie einen Sitz in der UNO haben. Tuvalu, Kiribati oder die Marshall-Inseln liegen nur einige Flugstunden von Nauru entfernt, und überall dort verbergen sich taiwanische Botschaften.

Im Jahr 2002 ist René Harris Präsident. Er absolviert sein drittes Mandat innerhalb von weniger als drei Jahren. Sein Land ist schwer verschuldet und produziert fast nichts mehr. Folglich »verkauft sich« Nauru an den Meistbietenden. Für die Flüchtlingslager vermietet das Land sein Territorium bereits an Australien, und es ist auf der Suche nach weiteren Finanzquellen. Harris betrachtet die Politik als Tauschgeschäft.

Seit Beginn der achtziger Jahre war Taiwan ein wichtiger Partner für Nauru. Nauru hatte sich mit Taipeh verbündet und nichts konnte diese starken bilateralen Beziehungen erschüttern. Dennoch öffnet sich Nauru im Juli 2002 dessen Intimfeind China. Aus einer plötzlichen Anwandlung heraus wendet sich René Harris unversehens von Taiwan ab.

Remi Namaduk war zu dieser Zeit Minister und erzählt von dieser ebenso abrupten wie unerwarteten Kehrtwende. »René war in Australien und ließ sich wegen einer Folgeerscheinung seiner Diabetes an einem Auge behandeln. Von dort rief er uns an und teilte uns mit, dass er in Hongkong Kleidungsstücke abholen werde, die chinesische Schneider für ihn gefertigt hätten. Dann flöge er weiter nach Malaysia, um ein paar Tage Ferien zu machen.« Am nächsten Tag ruft er Remi Namaduk an und berichtet ihm über das Angebot der chinesischen Behörden, deren Vertreter er in der früheren britischen Kolonie getroffen hat. Die taiwanesische Regierung bekommt Wind von diesen Mauscheleien und nimmt noch in der Nacht voller Panik Kontakt zum nauruischen Kabinett auf, um die Entscheidung rückgängig zu machen. Daraufhin informiert Namaduk Taiwan, dass dies eine persönliche Entscheidung des Präsidenten sei und er nichts dagegen machen könne. »Ich saß mit dem taiwanesischen Botschafter in ihrer Gesandtschaft. Ich rief den Präsidenten mehrmals an und wollte ihn umstimmen. Aber es war nichts zu machen. Er hatte seine Entscheidung getroffen.«

»Ich bereue nichts«, erklärt René Harris später. »Ich habe mich mit den chinesischen Behörden getroffen, weil sie Nauru ein besseres Angebot gemacht haben. Und zu diesem Zeitpunkt ging es Nauru wirklich nicht gut.« China bewilligt 60 Millionen Dollar in bar, um Nauru wirtschaftlich wieder auf die Beine zu helfen, und es tilgt die 70 Millionen Dollar Kredit, die der kleine Staat bei der General Electric aufgenommen hat.[37] Im Gegenzug lässt sich René Harris zu einem lapidaren Kommuniqué hinreißen. »Es gibt nur ein einziges China auf der Welt. Die Regierung der Volksrepublik China ist der einzig rechtmäßige Vertreter ganz Chinas, da Taiwan ein unveräußerlicher Teil des chinesischen Territoriums ist.« Zwei

Jahre später verkündet Harris: »Wenn wir so weitermachen, steuert das Land zielsicher in den Konkurs.« Daran hat der Bündniswechsel also nichts geändert.

Im Mai 2004 muss René Harris die Macht abgeben. Sein Nachfolger Ludwig Scotty stellt nach der Amtsübernahme fest, dass die wirtschaftliche Lage noch schlimmer ist als angenommen. Scotty will symbolisch mit Harris brechen. Er nimmt die Beziehungen zu Taipeh wieder auf. Zur großen Verärgerung Chinas richtet Nauru also sein Fähnchen nach dem Wind, und die empörte Volksrepublik bezeichnet die Politik ihrer abtrünnigen Provinz als »dollar diplomacy«. Die taiwanische Regierung kann dagegen einen historischen Verbündeten ihrer Suche nach Anerkennung zurückgewinnen. In den Monaten davor war es China gelungen, die Gunst Vanuatus zu erobern, obwohl das Land traditionell Taiwan unterstützte. Auge um Auge, Zahn um Zahn.

Hinter diesem plötzlichen Wechsel verbirgt sich allerdings eine nüchterne Tatsache. Taiwan erbietet sich, für die restlichen 13,4 Millionen eines alten nauruischen Darlehens bei der Export-Import Bank of the United States zu bürgen[38]. Es geht um eine bedeutende Sache. Der Kredit hatte einige Jahre zuvor den Kauf einer Boeing 737 ermöglicht. Es ist das letzte Flugzeug von Air Nauru. Ohne dieses Flugzeug wird Nauru wieder zu einer abgelegenen Insel irgendwo in den Weiten des Pazifischen Ozeans. Die kleine Republik ist sowieso schon völlig mittellos, nun will sie nicht auch noch den Kontakt mit der Außenwelt verlieren. Es geht um ihr Überleben.

Taiwan bekommt seine Botschaft auf Nauru zurück – nachdem sie zwei Jahre in den Händen der Chinesen war. Im Pazifik spielt sich ein unaufhörlicher politischer Reigen ab. Die Eröffnungen und Schließungen von Botschaften bestimmen den Lebensrhythmus der zahllosen Inselstaaten im Pazifik. Diese Einflusszone liegt zu nah an den Intimfeinden Taiwan und China, als dass sie sie dem jeweils anderen überlassen könnten.

Bei ihrem Amtsantritt im Juni 2004 machen die neu ernannten Minister der *Naoero-Amo*-Bewegung eine Bestandsaufnahme. Das Ergebnis ist kurz und klar. Die nauruische Regierung ist praktisch handlungsunfähig. Und »machen« ist in der nauruischen Geschichte mit »abbauen« gleichzusetzen. Aber der Tagebau in der Phosphatmine ist ausgereizt, und die spärlichen Reserven können nicht gefördert werden, weil es an funktionstüchtiger Ausrüstung fehlt. Es gibt nichts mehr abzubauen und kein Geld mehr zu verteilen. Als Ludwig Scotty im Juni 2004 das Mandat übernimmt, haben die Staatsangestellten, also die Bevölkerungsmehrheit, seit sechs Monaten keinen Lohn mehr bekommen. Die Bank of Nauru, die einzige offizielle Bank auf der Insel, hat ihre Pforten geschlossen, so dass die Leute keinen Zugang mehr zu ihren Konten haben. Zu diesem Zeitpunkt haben die Bewohner wieder zu fischen begonnen, um ihre Familien zu ernähren, ganz wie ihre Vorfahren in grauer Vergangenheit. Sie haben es ohne Bitterkeit und Klagen getan. Das Volk von Nauru ist pflegeleicht. Manchmal sogar ein bisschen zu sehr, und das hat ihm viele Enttäuschungen beschert.

Der Verdienst von Ludwig Scotty und seinem Kabinett ist es, Nauru etwas zu geben, was die Insel dringend gebraucht hat: Stabilität. Nauru bittet um internationale Hilfe, sie kann das Land teuer zu stehen kommen. Im November 2005 findet im Civic Centre ein diplomatischer Gipfel statt, an dem »alle Partner« von Nauru teilnehmen. Kurz vor dem Gipfel scheint sich die Insel aus ihrer Erstarrung zu lösen – zumindest in der Umgebung des Civic Centre. Mit der weiß verputzten und von der Sonne nachgedunkelten Fassade, dem funktionalen Mobiliar und den Wänden aus Eichenimitat erinnert das Civic Centre an einen Film aus den siebziger Jahren, in denen diese Art geräumiger und hell erleuchteter Büros für Modernität standen.

Als das Civic Centre gebaut wurde, sollte es zur Schaltzentrale Naurus werden. Die Bank im Erdgeschoss, drinnen ein staatlicher Supermarkt und kleine Geschäfte, schließlich Büros: ein kleines Stück Westen, für das Nauru viel Geld bezahlte. Zu dieser Zeit wucherte der Staat mit seinen Pfründen. Der Zeitung *The Age* in Melbourne oder der *Sydney Morning Herald* war das immer eine Kurzmeldung wert. Nauru machte es wie die reichen Länder und verschaffte sich somit den Zutritt zur großen Welt.

Nun sind die Nauruer abkommandiert worden, um in der Umgebung des Gebäudes ein wenig aufzuräumen. Im Saal herrscht geschäftiges Treiben, damit alle *donors* einen Platz bekommen. Australien, Japan und Brasilien, Neuseeland und auch Frankreich sind vertreten. Der staatliche Fernsehsender Naurus stellt seine Kameras auf, hier wird noch im VHS-Format gefilmt. Es folgt der Soundcheck auf der knisternden Anlage. Draußen herrscht drückende Hitze. Einige Bewohner flüchten sich vor der stechenden Sonne in den Schatten und die kühlen Betonräume des Civic Centre und legen sich einfach auf den Boden, um eine Siesta zu machen. Andere kümmern sich anlässlich des *Donors' Roundtable Meeting* darum, die verstopften Toiletten neben dem Konferenzsaal betriebsbereit zu machen. »Diese Konferenz ist der Beginn einer neuen Ära. Und das Ende einer traurigen Epoche, das hoffe ich jedenfalls«, flüstert uns der junge Wirtschaftsminister David Adeang zu, während er die Vorbereitungen überwacht. »Ich erwarte mir nichts Konkretes, aber wenn sie uns Hilfsversprechen geben würden, wäre das schon ein riesiger Fortschritt.« Die Regale im Supermarkt eine Etage tiefer sind immer noch leer.

Der Nachmittag geht vorüber. Plötzlich verlässt David Adeang die Vorbereitungen und eilt zum Flughafen. Mit dem nächsten Flug wird der japanische Botschafter Masashi Namekawa erwartet. Das Rollfeld des Flughafens im Bezirk Yaren erstreckt sich entlang der Regierungsgebäude und des Parlaments. Vor dem Parlament und dem Büro des Präsidenten übt die offizielle Garde ihre im Protokoll festgelegten Schritte. Sie besteht aus Polizisten. Das Flugzeug ist vor einer Viertelstunde gelandet, nun halten sich alle bereit, um den Vertreter der japanischen Regierung zu empfangen.

David Adeang erwartet ihn vor dem Gebäude. Die schwarze Limousine des Präsidenten fährt vor und setzt den Botschafter ab. Als er aussteigt, wird die japanische Flagge gehisst, die Garde salutiert. Nauru ist ein richtiger Staat. Auf der Treppe des Gebäudes wird *Kimi Gayo* gespielt, die japanische Nationalhymne. Die altersschwache Anlage rauscht. In den Gängen des Präsidentenpalasts stehen einige Nauruer und beobachten amüsiert das Protokoll. David Adeang und der japanische Botschafter lauschen regungslos den Klängen von *Kimi Gayo*, als ein dumpfes Dröhnen die Hymne übertönt. Das Flugzeug rauscht am Präsidentenpalast vorbei, für den Start laufen die Turbinen auf maximaler Schubkraft. Eine Minute verstreicht. Das Flugzeug ist nur noch ein großer Punkt am Horizont, aber das Geräusch der Triebwerke erfüllt immer noch die Ohren der Zuhörerschaft in Habachtstellung. Erst ganz allmählich wird es wieder still. Nun ist nur noch das regelmäßige Knacken der Anlage zu hören. *Kimi Gayo* ist schon lange vorbei.

Die Anwesenheit von Botschafter Namekawa beim *Roundtable* ist keine Überraschung. In der Vergangenheit hat Nauru den japanischen »Nachbarn« stets bevorzugt behandelt. Trotz der schwierigen gemeinsamen Geschichte, also des Kriegs und des Traumas von Chuuk, hat Nauru die Beziehungen zum Land der aufgehenden Sonne nie ganz abgebrochen. Air Nauru unterhielt Flugverbindungen mit Japan, genauer gesagt zu den Flughäfen Okinawa und Kagoshima.

250 Personen drängen sich im Konferenzsaal. Sie leiden unter der drückenden Hitze, der Sauerstoff ist knapp. Diplomaten, Adjutanten, »Wasserträger«, nauruische Politiker, Vertreter verschiedener NGOs, Journalisten und einige wenige Zuschauer sind bei den Debatten zugegen. Die Minister des Kabinetts von Ludwig Scotty ergreifen einer nach dem anderen das Wort und schildern die Dringlichkeit der Lage. Das fehlende Geld, die fehlenden Strukturen, die mangelhafte ärztliche Versorgung in dem heruntergekommenen Krankenhaus. Dennoch blicken sie mit Optimismus in die Zukunft. Mehrmals fällt das Wort »Hoffnung«. Ihnen sitzen die Repräsentanten der eingeladenen Staaten gegenüber. Sie hören zu und geben Vorlagen herum. Alles verläuft zivilisiert und zurückhaltend. Inmitten der um sich greifenden Schläfrigkeit lässt der japanische Botschafter keinerlei Gefühlsregung erkennen. Während

er zuhört und sich Notizen macht, bleibt sein Gesicht verschlossen. Er hat als Einziger noch sein Jackett an.

Japan hat seinen Botschafter der Südpazifikzone nicht nur geschickt, damit er sich die Klagen eines ruinierten Lands anhört. Nauru ist noch aus anderen Gründen bedeutsam für Japan, vor allem für seine Walfänger. Die International Whales Commission (IWC) erlässt für die Weltmeere die Regeln in Sachen Walfang. 1986 verabschiedete sie ein Moratorium mit dem Ziel, diese Fischerei zu verbieten. Zwei große Länder, Japan und Norwegen, wehren sich seit 20 Jahren gegen diese Maßnahme. Japan setzt seinen ganzen diplomatischen Einfluss ein, um das Moratorium aufzuheben und diese für den Archipel bedeutende Handelsfischerei wieder aufnehmen zu können.

Dank der Unterstützung Japans kann Nauru im Juni 2005 problemlos der International Whales Commission beitreten, ebenso wie Kamerun, Togo und Gambia. Im Juni 2006 stimmt Nauru für die Aufhebung des Moratoriums. Das Moratorium wird mit der Mehrheit von 33 Stimmen gegen 32 aufgehoben.[39] Im Gegenzug erhält Nauru eine Finanzhilfe für eines seiner Alltagsprobleme: die Energieversorgung. Auf Nauru funktioniert alles mit Benzin: die Autos, aber vor allem auch das Elektrizitätswerk oder die Entsalzungsanlage. Ohne Benzin schlägt das Herz von Nauru nicht mehr. Die Stille ist eine Messlatte für die Vitalität der Insel. Wenn die Generatoren in den Bezirken summen und die Autos ohne Unterlass um die Insel kurven, sind das Zeichen dafür, dass es dem Land gutgeht. Stille Tage sind dagegen beunruhigend. 2006 ist die Stromversorgung unregelmäßig, und es herrscht Wassermangel, vor allem während der langen Dürreperioden, die in den letzten Jahren immer häufiger werden. Japan tauscht die Hilfe für seine Walfänger gegen eine regelmäßige Benzinversorgung. Außerdem schickt es ein paar japanische Ingenieure und Arbeiter in den Hafen von Nauru, damit sie das einzige Fischereiboot wieder herrichten, das vor sich hinrostet und jahrelang nicht benutzt wurde.

Der Mercedes von King Yu fährt immer noch auf Nauru herum. Er ist immer noch so sauber. »Ich lasse ihn jeden Tag waschen«, versichert der Botschafter mit einem freundlichen Lächeln. »Er ist ein Geschenk von meinem Präsidenten.« Taiwan und sein Mercedes werden die Insel so schnell nicht verlassen. Das asiatische Land hat ein großes Fischzuchtprojekt auf der Insel. »Und es gibt noch viele andere Dinge, die wir gemeinsam in Angriff nehmen wollen«, fährt King Yu fort.

Die wenigen Dinge, die der nauruischen Regierung bleiben, macht sie zu Geld. Ihr Territorium verpachtet sie an Australien, das dort seine illegalen Migranten parkt. Ihre spärlichen Staatsattribute gehen an die asiatischen Nachbarn. Alles wird verhökert. Auch die Entwicklungsländer Afrikas, Asiens oder Lateinamerikas betreiben diese Art des politischen Gebens und Nehmens. Vor allem die Staaten, die über lukrative Bodenschätze wie Erdöl oder Nickel reichlich verfügen. Das Neue im Fall von Nauru war, dass das Land diesen Tauschhandel erst noch lernen musste. Qua Definition ist ein Entwicklungsland zunächst einmal ein armes Land. Aber Nauru war niemals bedürftig, es hat niemals um Hilfe gebeten. Anders als die anderen Nationen des Südens geht die kleine Insel nun den umgekehrten Weg und muss sich die Gesetze der Armut erst noch aneignen.

8

Nauru ist nun von allen Verbindungen abgeschnitten. Aufgrund der wirtschaftlichen Schwierigkeiten von Air Nauru lebt die Insel praktisch in einer abgeschlossenen Welt. Nur wenige Male pro Monat kann die nauruische Regierung den Flughafen für einen Charterflug öffnen, dessen Laderaum überquillt.

Einmal in der Woche, immer donnerstags, erwacht der Flughafen zum Leben. Dann schüttelt die Insel ihre tiefsitzende Trägheit ab. Die freiwillige Feuerwehr macht auf dem Rollfeld Sicherheitsübungen und spielt die Abläufe bei einem Brand durch. Sie mimen ihre Rollen und stellen ihre Positionen nach wie ein gut einstudiertes Ballett. Seit Wochen hat es nicht geregnet. Es wäre also sinnlos, das knappe Trinkwasser für groß angelegte Manöver mit der Feuerspritze zu vergeuden.

Im Bezirk Yaren stehen entlang des Flughafens ein paar Häuser, die zwischen die Landebahn und den Küstenstreifen gequetscht sind. Nicht weit davon entfernt befinden sich die Büros des Präsidenten und des Parlaments. Die Häuser verfallen, oder sie werden mit Material repariert, das man an anderen Orten der Insel aufgesammelt hat. Auf Nauru ist von einigen staatlichen Gebäuden nur noch der Rohbau aus Beton und Stahl übrig. Die Leute haben sich bedient. Zumeist wollten sie ihre Bleibe vergrößern und ihre Lebensbedingungen verbessern. Gegenüber dem Flughafen sind in einem Depot mit durchlöchertem Dach ausrangierte Busse »untergestellt«. Sie fahren schon lange nicht mehr. Im Lauf der Zeit sind sämtliche Felgen, Reifen und Fenster entwendet worden. Von den Bussen sind nur noch Gerippe übrig.

Ruhende Phosphat-Verladekräne an der Südwestküste, 2000

In einer Ecke des Bezirks Yaren ist ein regelmäßiges Geräusch zu hören, das wie ein Hämmern klingt. Es kommt aus einem Holzschuppen, nur wenige Meter vom Strand entfernt. Je näher man herantritt, desto eindringlicher wird das Geräusch. Drinnen plagen sich mehrere Gewichtheber damit ab, schwere Lasten zu reißen, dann lassen sie die ganze Ladung auf den Boden fallen. »Good! Good!«, stößt ein Nauruer mit glattrasiertem Schädel hervor. An seinem Hinterkopf legt sich die Haut in dicke Wulste. Er ist der Trainer. Er ist einen Meter achtzig groß, wiegt 130 Kilo. Das breite schwarze Unterhemd betont seine gestählten Muskeln.

»Wir sind das stärkste Volk der Welt«, hatte sich der Justizminister und ehemalige Gewichtheber Roland Kun einmal gebrüstet. »Es gibt keinen anderen Ort auf der

Welt, wo die Gewichtheber in den internationalen Wettbewerben so erfolgreich sind – im Vergleich zur Einwohnerzahl ist das Verhältnis enorm.«

In diesem öffentlichen Raum plagen sich junge Männer und Frauen unterschiedlicher Statur. Bankdrücken, Kniebeugen, Stoßen – die Ausrüstung ist rustikal, aber die etwa zehn Gewichtheber, die an diesem Abend da sind, absolvieren ihre Übungen in rascher Folge. Stangen schlagen zusammen, Lasten knallen auf den Boden. Einer nach dem anderen muss sich dem kritischen Blick des Trainers unterziehen. Ein etwa zehnjähriger Junge justiert seinen Gürtel für eine Reihe von Stößen. Auf der Stange dürften ungefähr 60 Kilo liegen. Er hebt sie sechs Mal, als wäre sie ein Strohhalm. »Er wird ganz Großer sein«, sagt der Trainer. Im Saal lachen alle und machen sich über sein rudimentäres Englisch lustig.

Der Trainingsraum der Gewichtheber ist eine Holzhütte, die weniger als zehn Meter vom Strand entfernt liegt. Die Ausrüstung ist veraltet. Die Gewichte sind abgenutzt von den sich stetig wiederholenden Übungen. Noch halten die mit Rost überzogenen Auflagegerüste für die Hanteln dem Lauf der Zeit stand. Im Saal verschwendet niemand einen Gedanken daran. Sie erfüllen ihren Zweck, das ist das Wesentliche. Das Geräusch der Brandung vermischt sich mit dem der Gewichte, die auf den Boden prallen. Im Raum herrscht fröhliche Stimmung. Die Sportler schwitzen, aber sie lächeln. Kinder lachen, während sie ihrem großen Bruder beim Training Gesellschaft leisten. Das ist der Ort, an dem der Stolz des Landes wieder aufgebaut wird.

»Der da hinten belegte den fünften Platz bei den Meisterschaften von Ozeanien, und sie den dritten. Die hier vorn sitzt, ist Vizemeisterin des Commonwealth. Sie wird an den Olympischen Spielen teilnehmen.« Stolz weist der Trainer auf seine Gewichtheber. Sie haben zwar nicht den sozialen Status eines Sumoringers in Japan oder den eines Rugbyspielers in Neuseeland. Aber sie sind erfolgreich in einem Land, das seit 20 Jahren immer nur scheitert.

1999 hätte Nauru beinahe die Weltmeisterschaft im Gewichtheben ausgerichtet. Alles war bereit für den Empfang der Bulgaren, Türken und Rumänen, den traditionell starken Völkern in diesem Sport. Etwa 100 Meter vom Hotel Menen entfernt wurde sogar ein Athletendorf errichtet. Es sind Dutzende identischer, moderner Holzhäuser, sie sollten die Athleten aus aller Welt beherbergen. Sie wurden niemals fertiggestellt, einige von ihnen dienen jetzt aber als Wohnstätten für bedürftige Nauruer. Nauru hatte kein Geld mehr für die Organisation des schönsten Sportereignisses, das eine unbedeutende Nation ausrichten kann. Eine Weltmeisterschaft in einem der drei am wenigsten besiedelten Länder der Erde: Das war eine enorme Herausforderung, die Nauru nicht meistern konnte. Die Weltmeisterschaft fand in letzter Sekunde auf Samoa Zuflucht.

Nauru ist stolz auf seine Gewichtheber, aber die Insel hält auch einen anderen, erschreckenden Rekord. Sie ist das Land mit der höchsten Fettleibigkeitsquote der Welt: Laut einer Untersuchung der Weltgesundheitsorganisation von Anfang 2008 sind 78,5 Prozent der Bevölkerung betroffen, das heißt vier von fünf Nauruern. Darauf folgt der Inselstaat Tonga mit 56 Prozent; danach kommen Saudi-Arabien, die Vereinigten Arabischen Emirate und die USA, deren Quoten jeweils um die 30 bis 35 Prozent liegen, und schließlich Kuwait[40]. Wie die Petromonarchien erlebte auch Nauru absoluten Reichtum. Die Länder der arabischen Halbinsel werden seit fünfzehn Jahren von Geld überschwemmt, und sie bekommen die damit verbundenen Krankheiten.

Die Regierungen dieser Länder sind sich dessen sehr bewusst. Aus Sorge über dieses Phänomen haben sie seit Beginn der nuller Jahre politische Maßnahmen zur Förderung körperlicher Ertüchtigung eingeführt und haben dabei besonders die Jüngeren im Auge. Das ist der große Unterschied zu Nauru. Da diese Länder ihren Reichtum bewahrt haben, können sie die schwerwiegende Entwicklung noch umkehren. Im Gegensatz dazu ist Nauru ein verarmter Staat und kann nur hilflos zusehen, wie sein Volk allmählich ausstirbt.

Das Wetter auf der Insel ist prächtig an diesem Spätnachmittag. Auf Nauru wird es innerhalb von zehn Minuten dunkel. In dieser Zeit changiert der Himmel zwischen Violetttönen und Orange. Die Leute überlassen sich einen Moment diesem Schauspiel und gehen dann nach Hause. In der Abendfrische beginnen sich die Körper zu entspannen. Mehrere weiß gekleidete Mädchen bewegen sich in der Dämmerstunde auf denselben Ort zu. Dutzende Nauruer bilden Menschentrauben, damit sie nicht auf die Gräber treten. In aller Stille lauschen sie der Grabrede des Priesters. Das Geräusch der Brandung ein paar Meter weiter hat einen beruhigenden Einfluss auf die Zeremonie. Im Halbdunkel einer Beerdigungsnacht gehen die Leute schließlich einer nach dem anderen nach Hause. Und wieder ein Begräbnis mehr – diese Szene ist auf Nauru leider von dramatischer Banalität. »Zucker«, murmelt ein junger Nauruer. Die Verstorbene war eine Nachbarin.

Diabetes, die Geißel Naurus. Auf der Insel vergeht keine Woche ohne zwei oder drei Beerdigungen, die dieser weit verbreiteten Krankheit zuzuschreiben sind. Bei insgesamt nur 9000 Nauruern machen »zwei oder drei Beerdigungen« eine immens hohe Zahl aus. Die Krankheit ist die häufigste Todesursache im Land.

»Der Grund dafür ist ausschließlich der Lebensstil, und nichts anderes«, versetzt Maree Bacigalupo kühl. Die energische Australierin hat 2004 die Leitung des Krankenhauses von Nauru übernommen. »Die Ernährung der Nauruer war einfach und ausgeglichen, dann wurde sie plötzlich zuckerhaltiger und übermäßig fett. Die Nauruer nahmen schlechte Gewohnheiten an, sie kochten nicht mehr und ließen sich das Essen nach Hause liefern. Jetzt ist die Hälfte der Erwachsenen erkrankt.« Auf Nauru ist Diabetes eine gefährliche Pandemie, ihre Infektionsquelle ist bekannt: das Geld. Das Phosphat brachte Geld in die Familien, die daraufhin nicht mehr arbeiten mussten. Sie stopften sich mit Fertiggerichten voll und bewegten sich nur noch im Range Rover fort.

Vor 20 Jahren war das Krankenhaus eines der Vorzeigeprojekte des nauruischen Staats. Brillante Ärzte praktizierten in dem Haus, das mit modernster Technik ausgestattet war. Die Ärzte kamen aus Nauru, aber auch aus Australien. »Es war eines der modernsten Krankenhäuser des Pazifiks«, berichtet eine Krankenschwester.

Heute sind nur noch zwei Ärzte nauruischer Abstammung. Der eine ist Gesundheitsminister Kieren Keke, aber er praktiziert kaum noch. Seine Termine als Minister beanspruchen 90 Prozent seiner Zeit, vor allem jetzt, da die Wirtschaft wiederbelebt werden soll. Der andere ist Kiki Thoma, der trotz seiner 70 Jahre immer noch arbeitet. 2004 landeten neun kubanische Ärzte auf der Insel, um einer immer kränkeren Bevölkerung zu helfen. Ein Jahr später wurden sie von einem chinesischen Chirurgen und einem bengalesischen Kinderarzt abgelöst. »Die Regierung hat kein Geld, um die Doktoren anständig zu bezahlen. Außerdem ist das Leben auf der Insel nicht einfach. Nauru ist abgelegen und weit weg von allem. Warum sollten Ärzte in ein unbekanntes Land kommen, in dem sie schlecht bezahlt werden? Dazu muss man wahre Wunder vollbringen«, erklärt die australische Krankenhauschefin Maree Bacigalupo.

Nun ist das Krankenhaus ein Sterbeheim unter freiem Himmel. Die Säle sind leer. Hier und da gibt es Räume, die durch eine nagelneue Ausrüstung aus dem Rahmen fallen. »Diesen neuen Operationstisch hat uns Australien bezahlt.« Aber er wird noch nicht benutzt. Der Generator des Krankenhauses schafft es nicht, die vielen Stromausfälle zu überbrücken. Das Krankenhaus von Nauru ist in wenigen Jahren zu einem Feldlazarett verkommen. Es hat keine finanziellen Ressourcen und wenig qualifiziertes Personal. Die Mauern sind aufgebrochen. Der Wind hat Platten aus den Zwischendecken gerissen, so dass vom Regen verschimmelte Glaswolle in die Räume hängt. Unter den zahllosen undichten Stellen im Dach stehen Eimer und fangen das Wasser auf. Die Zimmer sind leer, bestimmt ziehen die Patienten die sanfte Meeresbrise in den Gängen der Dunkelheit in den Zimmern vor. In einem Stahlbett liegt eine alte Dame, deren herabhängender Arm mit einer seltsamen Maschine verbunden ist. Die Diabetikerin macht ihre Dialyse, die ihre Nieren künstlich arbeiten lässt. Maree grüsst sie und setzt ihre Visite fort. Die Patienten ruhen trotz des Kindergeschreis ganz in der Nähe.

»Ich glaube, die Lebenserwartung der Menschen auf Nauru liegt bei unter 50 Jahren. Unsere Kapazitäten reichen nicht aus, um die Bevölkerung zu versorgen. Leider wirkt sich das auf die Sterblichkeitsrate aus«, stellt Maree nüchtern fest und entschuldigt sich dann, dass sie schon wieder gehen muss. Sie hat einen Sitzungstermin mit dem Präsidenten und einigen Ministern. »Ich kämpfe seit Monaten für den Kauf eines Krankenwagens. Das macht mich wütend, denn die Polizei hat vor einem Monat drei neue Geländewagen bekommen!«

Diabetes ist nicht nur auf Nauru, sondern in allen Ländern des Pazifik ein Problem. Die Bevölkerung der Inselstaaten Samoa, Tonga oder Tuvalu erleiden dasselbe Schicksal. Die melanesischen und polynesischen Völker haben eine genetische Veranlagung für diese Krankheit. Aber die Nauruer werden außerdem von ihrem früheren Leben eingeholt. Die heutigen Einwohner der Insel waren um die zwanzig, als Nauru ein Synonym für unbegrenzten Reichtum war. Sie haben den beständigen Komfort und den Überfluss an Konsumgütern, die Auslandsreisen und die Sorglosigkeit dieser Zeit genossen. 30 Jahre später sind diese Leute um die fünfzig. Die Krankheit kommt zum Ausbruch und entwickelt sich dann mehr oder weniger stark. Manchmal kann sie mit bestimmten Medikamenten relativ gut unter Kontrolle gebracht werden. Aber bei den schwersten Fällen, »Typ 2« genannt, sind Amputationen unvermeidlich, und das Schicksal der Patienten ist besiegelt: Nierenversagen, vermehrte Kreislaufprobleme, schließlich Herzanfall und Tod.

In allen Schulen der Insel prangen die Präventionsslogans an den Wänden der Klassenzimmer: »Esst gesund und treibt Sport«, »Stoppt Diabetes«. Der Kampf gegen

Fettleibigkeit und Diabetes ist auf Nauru ein nationales Anliegen. Gleich nach seiner Amtsübernahme bemühte sich Gesundheitsminister Kieren Keke, die Bevölkerung in diesen täglichen Kampf einzubinden. Über die Präventionsslogans hinaus wurden die Eltern angeschrieben und regelmäßige medizinische Kontrollen durchgeführt. »Man muss die Kinder durch den Sport erziehen. Aber die Zielgruppe sind nicht unbedingt die Kinder, eigentlich müssen vor allem die Eltern umerzogen werden. Denn in der Vergangenheit mussten sie nicht die notwendigen Anstrengungen unternehmen, um aufzustehen, zu arbeiten oder gar zu kochen. Das ist die größte Schwierigkeit.«

In dem Gewirr der Büros neben dem Parlament ist das Women Affairs Office nur schwer zu finden. Es liegt versteckt hinter den wichtigsten Ministerien: Wirtschaft, Justiz, Industrie. Die Leiterin Joy Hein arbeitet im zweiten Stock dieses Gebäudes in Küstennähe. In ihrem frostig klimatisierten Büro bereitet sie uns einen warmen Empfang. Sie hat ein sonniges Gemüt, eine typisch nauruische Statur und spricht laut. »Sie haben es gefunden, das ist schon ein gutes Zeichen. Bei uns gibt es so manchen Minister, der nicht weiß, wo sich das Büro für Frauenangelegenheiten befindet.« Sie lacht. In dem kleinen Raum sitzen junge Frauen auf dem Boden. Der Besuch schüchtert sie ein. Sie ziehen Perlen auf Ketten und konzentrieren sich auf ihre Hände. Das wirkt alles sehr improvisiert, und die Anwesenheit dieser Runde in einem Büro der Regierung ist etwas überraschend. Schweigend verbringen die Frauen hier ihre Zeit. Joy stellt uns ihre Arbeitskolleginnen vor und zeigt uns auch ihren Computer. »Das ist der einzige funktionierende Computer in diesem Raum.« Und wieder lacht sie.

Sie spricht von den Frauen auf Nauru wie von ihren eigenen Töchtern. »Auf der Insel kennen sich alle. Also ja, ich kenne sie alle… Ich kümmere mich gerade um eine junge Frau, deren Mann gewalttätig wird, wenn er getrunken hat. Wir haben versucht mit ihm zu reden. Außerdem haben wir den engsten Familienkreis benachrichtigt, damit sie die Sache im Auge behalten. Aber darüber hinaus können wir nicht viel machen.« Auf Nauru bedeutet Politik häufig, dass jeder Fall gesondert behandelt wird. »Daran haben sich die Leute über Jahre hinweg gewöhnt. Als es der Insel gut ging, sprachen die Leute direkt in den Regierungsbüros vor und verlangten Geld. Und meistens gab man ihnen welches. Solche Gewohnheiten halten sich hartnäckig.« Das ist eine Politik ohne Formalitäten, aber zugleich der Keim für einen Klientelismus, der durch das kleine Staatsgebiet begünstigt wird. Wenn es um die Belange der Frauen geht, holt Joy weiter aus. »Die nauruischen Frauen brauchen Hilfe. Sie sind die Basis der Familie. Und damit auch die Basis für eine gewisse Stabilität, die das Land gut gebrauchen könnte. Wussten Sie, dass Nauru ursprünglich eine matriarchalische Gesellschaft war? Wir müssen die Leute von Grund auf erziehen. Oder ihnen ihre Erziehung von früher wieder in Erinnerung rufen. Während der letzten 20 Jahre gab es einen echten Bruch in der Weitergabe von Kultur und auch von Wissen, und das bei ganz einfachen Dingen. Die jungen Frauen von heute vergessen beispielsweise, ihre Babys zu füttern. Wenn sie das überhaupt können, denn manchmal haben sie nicht genug zu essen. Das ist auch schlimm. Aber andererseits ist das alles sehr logisch«, fährt Joy fort. »In den achtziger Jahren kochten ihre Eltern nicht, sondern holten sich mehrmals am Tag

Nauruischer Polizist, 1990

Essen beim Chinesen. Jede Woche schickte die Regierung eine Putzfrau zu den Leuten, um die Häuser sauber zu halten. Für die Mädchen von damals, die inzwischen erwachsen sind, ist es sehr schwierig, heute mit der Hausarbeit anzufangen. Und der Alltag ist knifflig, das wird gern vergessen. Denn es ist nicht einfach, einen Haushalt zu führen und Kinder zu erziehen. Wie soll man das bewältigen, wenn man es nie gelernt hat? Dieser Mangel an Erziehung ist die Ursache unserer Probleme, davon bin ich überzeugt. Diese Trägheit führt dazu, dass die Leute sich Tiefkühlkost kaufen, für 100 Meter ihr Auto nehmen und Essen zum Mitnehmen bestellen. Früher sah unser Leben anders aus. Wir haben unsere Kultur und unser Wissen total vernachlässigt. Das ist auch eine Ursache für den Diabetes. Wir haben uns zu sehr umsorgen lassen.«

Das Women Affairs Office versucht vorzusorgen. Aber die wirtschaftliche Wiederbelebung des Landes genießt absoluten Vorrang. Joy muss ohne Ressourcen auskommen. »Wir schauen nach, ob in diesem oder jenem Haushalt alles in Ordnung ist, wenn uns etwas Schlechtes zu Ohren gekommen ist, oder wir besuchen Leute. Das sind unsere Maßnahmen. Aber vor einigen Wochen haben wir es geschafft, ein paar junge Frauen für einen ›Rekonditionierungslehrgang‹ auf die Fidschi-Inseln zu schicken. Um ihnen beizubringen, wie man fegt, eine Küche saubermacht und Windeln wechselt. Kurz gesagt, wie man den Haushalt in Schuss hält. Oh ja, so weit ist es gekommen. Wir schicken unsere Frauen ins Ausland, damit sie richtig fegen lernen.«

In etwas weniger als 30 Jahren hat die Bevölkerung von Nauru ihre Kultur komplett aus dem Gedächtnis gelöscht. »Dieser Kulturabbau fand innerhalb kürzester Zeit statt«, berichtet Violette McKay. »Sämtliche Traditionen, die abendlichen Feiern mit den einheimischen Tänzen – alles ist weg! Heute wissen die Frauen nicht mehr, wie die typischen Kleidungsstücke der Insel oder auch nur einfache Perlenketten hergestellt werden. Das Phosphatgeld hat unser Leben und unsere Kultur verändert. Warum hätten die

Leute zusammenkommen sollen, um traditionelle Feste vorzubereiten, wenn es doch genügte, in eine der unzähligen Videotheken zu gehen und sich einen Film auszuleihen? Es war unglaublich! Sie konnten keine zweihundert Meter auf der Straße gehen, ohne auf einen Verleih zu stoßen. Also blieben die Leute lieber zu Hause und schauten sich ein Video nach dem anderen an.«

Kiki Thoma bestellt eine Cola. In der chinesischen Verkaufsbude herrscht brütende Hitze. Der schwache Deckenventilator wackelt bedenklich. Draußen hat es 40 Grad, drinnen kaum weniger. »Diabetes ist Naurus Tod«, wettert Kiki Thoma. »Die Leute haben nicht aufgepasst vor 30 Jahren. Und niemand kann behaupten, wir hätten sie nicht gewarnt. Wir haben sehr wohl versucht, sie davor zu bewahren. Aber solange die Leute ein sorgloses Leben führen, achten sie nicht darauf.«

Nun erzählt er von seinem Kampf, der von vornherein zum Scheitern verurteilt war. Wie er an höchster Stelle Warnungen aussprach und dem Präsidenten seine Pläne für die Sensibilisierung der Jugend auf den Schreibtisch legte. »Das Problem ist, dass die Inselbevölkerung Diabetes schon immer kannte. Die Nauruer waren daran gewöhnt, dass Mitglieder ihrer Familie von dieser Krankheit betroffen waren. Deshalb stellten sie keinen Zusammenhang mit ihren Ernährungsgewohnheiten her, obwohl die sich zu dieser Zeit grundlegend änderten. Hinzu kommt chronischer Bewegungsmangel, und dann können Sie sich zusammenreimen, wie die heutige Situation entstanden ist. Aber damals haben die Leute das ignoriert.«

Der ehemalige Präsident Bernard Dowiyogo ist an Diabetes gestorben. »Hammer« Deroburt, den Vater der nauruischen Nation, ereilte dasselbe Schicksal. Ludwig Scotty, der einzige Ex-Präsident, der noch am Leben ist, musste sich 2005 wegen der Krankheit einer Augenoperation unterziehen. René Harris, der ostentativ um den Flughafen gelaufen war, um einer der körperlichen Ertüchtigung abgeneigten Bevölkerung ein Vorbild zu sein, leidet seit über 15 Jahren an Diabetes.

Die Zuckerkrankheit schwebt gleich einem neuen Damoklesschwert über der Insel. Doktor Thoma spricht das ganz offen an. »Wenn wir nicht aufpassen, holt uns unsere Geschichte wieder ein. Wie Sie wissen, ist das nauruische Volk schon zwei Mal fast ausgestorben. Bei weniger als 1500 Einwohnern ist die Erneuerung der Bevölkerung nicht sichergestellt. Nauru hat sich diesem Wert Anfang des 20. Jahrhunderts angenähert, und dann noch einmal bei der Rückkehr aus Chuuk 1945, nach der japanischen Invasion. Jedes Mal sind wir dieser Mindestgrenze gefährlich nahegekommen. Jedes Mal hat das nauruische Volk sich aufgerafft, um nicht auszusterben. Aber jetzt besteht erneut die Gefahr, dass wir an unsere demographischen Grenzen stoßen. Das Szenario ist nicht so abwegig. Ich befürchte, dass die Zahl der Diabetes-Toten in den nächsten Jahren sprunghaft ansteigen und deutlich höher liegen wird als die der Geburten.«

Er trinkt einen Schluck und fährt fort: »Besonders merkwürdig ist, dass unsere derzeitige wirtschaftliche Schwäche uns retten könnte. Nauru ist völlig pleite. Wir wurden gegen unseren Willen um ein Jahrhundert zurückversetzt, als das Familienoberhaupt morgens und abends fischen ging und zudem Kokosnüsse sammelte. Genaugenommen hat die Krise dazu beigetragen, die schlechten Essgewohnheiten einzudämmen. Wir essen mehr frischen Fisch und Früchte. Und wer fischen geht, ist auch körperlich aktiver.«

Der Überlebensreflex als rettende Geste, dieser Gedanke verleitet zum Schmunzeln. »Darin zeigt sich die ganze Widersprüchlichkeit der Insel, die Widersprüchlichkeit unserer derzeitigen Armut. Es geht uns heute gesundheitlich besser als zu der Zeit, da wir die Taschen voller Geld hatten.«

»Am Ende sind Sie womöglich der Einzige, der nicht zuckerkrank ist.« »Ich habe Zucker«, versetzt der Doktor. »Ich habe Zucker«, wiederholt er. Er lächelt verlegen. »Wissen Sie, da lässt man sich ein Essen kommen. Und dann noch eins und noch eins …« Schweigen. »Niemand kann der Diabetes entgehen«, fährt er fort, »nicht einmal ein Arzt.«

9

Im Jahr 2006 gibt es weiterhin viele Stromausfälle auf Nauru, zugleich werden aber erste Veränderungen spürbar. Die Leute fischen immer noch, um ihre Familie zu ernähren. Dutzende Nauruer lassen das Korallenriff hinter sich und fischen in tieferen Gewässern. Ein paar können ihren überschüssigen Fang sogar an Privatpersonen oder chinesische Restaurants verkaufen, die frische Produkte benötigen.

Der Rasen auf dem Golfplatz ist gemäht. Die Bälle gehen nicht mehr verloren, und sonntags herrscht dort reger Betrieb. Sport findet in der nauruischen Gesellschaft wieder eine gewisse Resonanz. Das Sportprogramm der Regierung zeitigt erste Erfolge. Die beiden Tennisplätze sind wieder mit Netzen ausgestattet, und nachmittags stürmen Dutzende Kinder die *Australian-Rules-Football*-Felder in den Bezirken.

Ein Silberstreif am Horizont: Nauru war völlig am Boden und oftmals totgesagt, doch der Inselstaat ist immer noch am Leben. Sicherlich ist er angeschlagen, aber immer noch am Leben.

Die Nauru Rehabilitation Corporation befindet sich hinter einer Tankstelle und einer Werkstatt, aber der Ort ist ebenso kühl und finster wie die anderen staatlichen Gebäude der Insel. Wie üblich beschränkt sich die Einrichtung aufs Notwendigste: keine oder fast keine Computer, ein paar Stühle. Die Wände sind dunkel, das Licht fahl.

Auf Nauru besteht die Aufgabe der »Rehabilitation« nicht darin, die Krankheiten der Menschen zu heilen, sondern die Böden zu sanieren. Die Menschen haben sich zwar über hundert Jahre von diesen Böden ernährt, sie aber in einem erbärmlichen Zustand zurückgelassen. »Bei der intensiven Phosphatausbeutung dachte die Regierung in erster Linie daran, wie sie dadurch Geld anhäufen könnte. An Investitionen, um die Erde mit neuem Leben zu erfüllen, dachte lange niemand«, erklärt Vinci Clodumar, der Leiter des Rehabilitationsprogramms. »Für die beständige Aufrechterhaltung der Wirtschaftskraft der Insel musste vor allem schnell abgebaut werden.«

Vinci Clodumar sitzt an seinem Schreibtisch und sucht verzweifelt nach den Schlüsseln seines Pick-up. Er ist ein typisches Produkt der goldenen Zeiten Naurus. Seine gute Ausbildung hat er den Gewinnen des Phosphatabbaus zu verdanken. Er ist um die fünfzig und hat in Australien studiert. Nach seinem Ingenieursdiplom hat er im Regierungsapparat Karriere gemacht. Er war Direktor von Air Nauru und der Nauru Phosphate Corporation und wurde dann in rascher Folge Justizminister, Gesundheits- und Erziehungsminister, Finanzminister und schließlich Arbeitsminister. Er bekleidete also vier Ministerämter in weniger als sechs Jahren. Nachdem er erneut die Geschäfte der Nauru Phosphate Corporation übernommen hatte, wird er 1999 der erste Botschafter Naurus bei der UNO.

»Kommen Sie, ich zeige Ihnen unser Projekt.« Sein Pick-up schlängelt sich durch die zurückgelassenen Autowracks, durchquert die Phosphatmine und wirbelt eine lange weiße Staubwolke auf. Auf dem Zentralplateau biegt das Fahrzeug in einen kleinen Steinbruch ohne Korallentürme. Das »Versuchsgebiet« liegt ein wenig tiefer. »Hier wollen wir unser erstes Rehabilitationsprogramm für Böden starten. Wir wollen Anbauflächen schaffen. Wir müssen Ackerboden importieren, dann werden die Sachen von ganz alleine wachsen. Da hinten rechts soll ein Hof gebaut werden. Und ein bisschen weiter wird ein Friedhof angelegt. So ist es jedenfalls geplant.«

Bei seiner Sanierung kämpft das Land mit den Mitteln, die ihm zur Verfügung stehen. Die Rückkehr zur Nährmutter Erde ist für die abgelegene Insel ein unvermeidlicher Schritt. Neben seinen Böden verfügt Nauru zur See über eine ausgedehnte »Ausschließliche Wirtschaftszone«[41], die sich durch besondere Reichhaltigkeit auszeichnet. In den pazifischen Tiefseegewässern rund um die Insel leben Dutzende Fischsorten und Meeressäugetiere: Thunfisch, Steinbutt, Schwertfisch, verschiedenste Haiarten usw.

Anibare, der Fischereihafen von Nauru, liegt an der Ostküste der Insel. Sein Becken ist leer. In dem betonierten

Bereich der ehemaligen Anlegestelle spielen heute Kinder. Traurig, aber wahr: Der Hafen ist nur noch ein Schwimmbad für den Nachwuchs des Bezirks. Früher kamen manchmal auch noch die *asylum seekers* zum Baden, eine ihrer wenigen Vergnügungen. Nun vermischen sich das Kreischen der Stichsägen und Hammerschläge mit dem Kindergeschrei. Aus den Fenstern der Hangars auf der anderen Seite des Hafens zuckt das blaue Licht von Schweißgeräten. Während dort die Arbeit weiterläuft, verspeisen zwei japanische Arbeiter im chinesischen Restaurant von Anibare die einzig genießbaren Hamburger der Insel.

»Wir sind hier, um eines der Fangschiffe der Insel wieder flottzumachen. Nauru hat schon seit Jahren keine Fischereiflotte mehr. Also haben wir von unserer Regierung den Auftrag erhalten, dieses Boot wieder zu Wasser zu lassen«, erklärt einer der beiden Japaner in perfektem Englisch. Die Arbeit verlangt Sorgfalt und Geduld. Der Rumpf des trockengelegten Schiffs ist mit Rost überzogen, aber die beiden Ingenieure sind zuversichtlich. »In etwas weniger als zwei Monaten wird es wieder komplett seetüchtig sein.« Auch einige Nauruer kommen jeden Tag und helfen bei der Reparatur des Fischerboots. Bald werden sie damit große Mengen frischen Fisch fangen können. Es ist klar, dass die japanische Hilfe nicht ohne Hintergedanken geleistet wird: Nauru ist ein neuer Verbündeter im Kampf um die Wiederaufnahme des Walfangs. Aber über diesen Austausch von Freundlichkeiten hinaus fischen die Japaner nun häufig Thunfisch in den Gewässern der Insel.

Ende des Jahres 2005 ist die Insel ein riesiger Schrottplatz unter freiem Himmel. Es gibt keinen Ort, an dem nicht ein zurückgelassenes Auto herumsteht. In allen Bezirken Naurus wuchern wilde Müllhalden: Autos, Lastwagen, Reifen, kaputte Haushaltsgeräte. Videorekorder, Fernsehgeräte und Stereoanlagen stapeln sich zu Hunderten. Die Reste einer wohlhabenden Vergangenheit bilden nunmehr rottende Haufen.

Die Phosphatmine ist zu einer Abfalldeponie geworden. Die *workshops*, also die ehemaligen Reparaturwerkstätten, bestehen nur noch aus einer Anhäufung verschiedenster Ausrüstungsgegenstände, die früher einmal dem Minenbetrieb gedient haben: riesige, ausgeschlachtete Kipper und Dutzende umgeschütteter Ölkanister. Das Ganze ist schwarz und fettig. In der Mine funktioniert nichts mehr, alles Leben ist aus ihr gewichen. Manchmal kommen ein paar Arbeiter vorbei: Der Betrieb der Mine beschränkt sich auf ein paar Hammerschläge, um ein verbogenes Blech geradezurichten, oder auf das Abholen eines intakten Sparren.

Im darauffolgenden Jahr arbeiten die Öfen der Verwertungs- und Trockenanlagen in der Nähe des Hafens unter regelmäßigem Quietschen. Einige staubbedeckte Nauruer überwachen die Abläufe. Trotz der veralteten Produktionssysteme hat die Mine ihren Betrieb wieder aufgenommen. Ein paar nagelneue Lastwagen schütten ihre Phosphatladungen in den Sortierbereich.

Nauru hat eine neue Zukunftsperspektive aufgetan: das *secondary mining* – die zweite Schicht wird abgetragen. Die Insel setzt immer und immer wieder auf das Phosphat.

Andrew Weir ist gestresst. Der Ingenieur hat die ganze Welt bereist – meistens auf der Suche nach Phosphat. Auf Nauru jedoch steht er vor einem großen Problem. »Ich bin schon anderthalb Monate hier, aber hier auf Nauru muss der gesamte Prozess zur Produktion des Phosphats wieder angestoßen werden: von der Förderung im eigentlichen Sinne über die Sortierung des Gesteins und das Trocknen des Minerals bis hin zum Transport an den Hafen. Kurz gesagt müssen wir wieder bei Null anfangen, weil auf der Insel nichts mehr funktioniert.«

Er hat den ersten Satz noch nicht zu Ende gesprochen, als er schon den Hafen verlässt und sich eilig in seinen Pick-up schwingt. Es geht Richtung *Topside*, dem Inselplateau, wo Naurus Lebenselixier abgebaut wird. »Wenn ich sage, wir fangen bei Null an, ist das nicht bildlich gesprochen. Der Betrieb lief nicht mehr, weil es an Wartung und Geld fehlte. Wir haben viele Tage damit zugebracht, eine Bestandsaufnahme zu machen, was noch funktioniert und was nicht, was wir von der Ausrüstung noch verwenden können und was wir verschrotten müssen …«

Andrew kann darüber lachen, aber die Verantwortung lastet schwer auf ihm. Für die australische Wirtschaft ist Nauru noch immer ein sehr bedeutender Faktor. Die Schließung der Phosphatmine im Jahr 2003 hatte in Ozeanien für großen Wirbel gesorgt. Länder wie Australien oder Neuseeland sind von Dünger abhängig und waren über den plötzlichen Stopp der Förderung auf Nauru beunruhigt. Für ihre Phosphatimporte müssen sie jetzt mit Chile, afrikanischen Ländern oder den USA verhandeln. Die Distanzen sind größer, die Preise höher. »Und außerdem hat man nie ein reineres Phosphat gefunden als auf dieser Insel.« Andrew Weir arbeitet für Incitec Pivot, eines der größten multinationalen Unternehmen für Düngemittel.

Am Abend hat Andrew immer Lust auf ein Bier. Dann erzählt er lange von der australischen Steppe und seinen *road trips* mit dem Motorrad. Er hat einen dichten Schnurrbart und ein pausbäckiges Gesicht. Er weiß, dass ihn eine schwere Aufgabe erwartet. »Ich bin hier, weil es auf der Insel Phosphat gibt. Natürlich geht es hier um ein Geschäft. Die Fördermaschinen wieder funktionstüchtig zu machen ist kein Akt der Menschenfreundlichkeit. Wir sind nicht hier, um Nauru zu helfen. Es ist eine gegenseitige Unterstützung. Wir brauchen ihr Phosphat, und sie brauchen Geld, um ihre Wirtschaft wieder in Gang zu bringen. Da konnte man sich schnell einig werden.«

Am nächsten Tag fahren Dutzende Lastwagen in halsbrecherischem Tempo auf der Straße nach *Topside.* Auf diesem Weg zum Zentrum der Insel herrschte ein Jahr zuvor noch absolute Stille. Andrew ist seit dem Morgengrauen da, er wirkt abgespannt. »Ich habe in aller Frühe die ganze Insel abgegrast und die heutige Schicht eingesammelt. Als wir durchgezählt haben, fehlte die Hälfte der Männer«, sagt er mit typisch angelsächsischer Gelassenheit. »Das ist die verborgene Seite der Phosphatförderung auf Nauru. Mit den Nauruern arbeiten oder, besser gesagt, die Nauruer zum Arbeiten zu bewegen. Diese Kerle haben in ihrem ganzen Leben noch kaum gearbeitet, zumindest nicht in der Mine. Das hatten sie nicht nötig. Feste Arbeitszeiten? Davon haben die noch nie was gehört. Manchmal muss man sie aus dem Bett holen.« Lächelnd fährt Andrew fort: »Ich mache Witze darüber, aber das ist das größte Hindernis, um die Phosphatwirtschaft der Insel wieder in Schwung zu kriegen.

Die erste Etappe besteht darin, die Phase des *primary mining* abzuschließen. Denn anders als angenommen sind die Reserven der ersten Phosphatschicht noch gar nicht erschöpft. Ein paar Stellen der Insel sind noch nicht abgetragen worden, da liegen noch einige tausend Tonnen. Das hat Vorrang. Damit können wir den Förderprozess wieder in Gang bringen.«

Der *workshop* beherbergt das Materiallager der Phosphatgesellschaft. Hier wird wieder gearbeitet. Nauruer wirbeln durch die Werkstatt, um Fahrzeuge zu reparieren. Drei Lastwagen mit überdimensionalen Rädern stehen vor dem *workshop* und verbergen einen Teil der Fassade.

Der Ort, wo Naurus Erde wieder abgetragen wird, liegt unterhalb des Zentralplateaus, ganz in der Nähe der ersten Häuser. In den *pinnacles* spielen ein paar Kinder Verstecken. Manchmal schauen sie zu, wie eine alte, verrostete Maschine das Phosphat aus der Erdkruste holt. Es ist die letzte Maschine, die noch in Betrieb ist. Der Vorgang ist mühsam, das Phosphat lässt sich nur schwer herauslösen, die Baggerzähne schaben knirschend an den Korallen. Die Maschine erzittert und stößt an den Stein. Die kleine Schaufel taucht zwischen die *pinnacles*, ihre Steuerkabel sind zum Zerreißen gespannt. Die Maschine gräbt, bäumt sich unter ihrer Last auf und fällt plötzlich wieder in ihre Ausgangsposition zurück.

Mit jeder vollen Schaufel wächst der Phosphathaufen auf dem Boden. Die nagelneuen gelben Lastwagen fahren mit gefüllten Ladeflächen davon.

Die treibende Kraft dieser Renaissance ist Naurus Industrieminister Frederick Pitcher. Doch nun trägt Freddy ein Käppi und ein Hawaiihemd und lässt sein Ministeramt für einige Stunden ruhen. Er nutzt diesen Sonntagnachmittag, um mit einem Freund auf seinem Boot herauszufahren, und gönnt sich eine Angelpartie. »Das kann ich mir im Moment selten erlauben. Die Wiederaufnahme der Phosphatförderung, die erste Ausfuhr per Frachtschiff – die Tage vergehen wie im Flug, es ist die Hölle.«

Das Boot schiebt sich unter den riesigen Kranauslegern durch, von denen das Phosphat in die Laderäume der Schiffe geschüttet wird. Auch an einem Sonntag auf dem Meer dreht sich das Gespräch um das Phosphat. »Für uns in der Regierung war es die höchste Priorität, diesen Betrieb wieder anlaufen zu lassen. Und damit zu zeigen, dass die Wirtschaft von Nauru nicht ganz von vorn anfängt. Für unser Land war das existenziell. In der Vergangenheit haben wir das Kapital vergeudet, von dem wir später als Privatiers leben wollten. Und alle sagten uns, wir hätten kein Phosphat mehr.

Da kam die Idee eines *secondary mining* auf. Sie lag übrigens schon immer in der Luft. Unsere Insel besteht aus Erde, Korallen und Phosphat. Wir führten Tests durch, die alle positiv verliefen. Danach mussten wir die Bedingungen für den Abbau wiederherstellen, um das Projekt umsetzen zu können. Wir fingen wieder bei Null an, aber wirklich bei Null. Nichts funktionierte mehr. Von der ersten Abbauphase waren nur noch Schrott und Ruinen übrig, die Kräne über dem Meer, die leeren Lager, die verrosteten Maschinen. Wir zückten Stift und Papier und schrieben alles auf, was uns fehlte und was wir brauchen würden.«

Zu Beginn der nuller Jahre wuchs der Phosphatmarkt exponentiell, die Nachfrage war immens. »Nauru brauchte wieder eine Perspektive für die Zukunft. Und diese Zukunft lag auf der Insel, und nicht in Sydney, Melbourne oder Brisbane. Die Zukunft liegt auf der Insel, und sie ist mit dem Phosphat verbunden.« Incitec Pivot wird auf Nauru vorstellig, ist jedoch nicht das einzige Unternehmen, das Interesse zeigt. Aber es hat die überzeugendsten Argumente. Als Gegenleistung für die Wiederinstandsetzung der Infrastrukturen bekommt Incitec Pivot für eine Weile Vorzugskonditionen von Nauru. Das Land bezahlt die Neustrukturierung seines wichtigsten Wirtschaftszweigs mit tonnenweise Phosphat: Nach eigenen Angaben hat Incitec Pivot mehr als fünf Millionen australische Dollar in dieses Projekt investiert.[42]

Im Jahr 2006 ist Nauru nicht vollkommen abgesichert. Zwar sind die ersten Auswirkungen einer Verbesserung zu spüren, aber das *secondary mining* steckt noch in den Kinderschuhen. Incitec Pivot hat sich auf der Insel niedergelassen. Die ersten Phosphatladungen speisen sich ausschließlich aus den Resten der ersten Schicht. Aber die Hoffnung ist spürbar. Auf der Rundfahrt um die Insel gerät Freddy Pitcher über die Zukunftsperspektiven ins Schwärmen und zählt seine verschiedenen Projekte für Nauru auf. Er hat einen sicheren Posten bei der Asiatischen Entwicklungsbank aufgegeben, um seinem Land zu helfen. Dabei hat er das Gehalt eines Spitzenbeamten gegen 140 Dollar im Monat eingetauscht. Die treibende Kraft beim Wiederaufbau eines Staates zu sein ist keine gewöhnliche Aufgabe. »Mittelfristig wollen wir 500.000 Tonnen Phosphat exportieren. Mit dieser Zielsetzung kann Nauru in den nächsten zehn Jahren wieder zu einem angemessenen Lebensstandard zurückkehren.«

Aber die Ressource ist begrenzt. Das ist den Behörden des Landes sehr wohl bewusst. Die »Lebenserwartung« des *secondary mining* wird auf 30, vielleicht 40 Jahre geschätzt. Die Höhe des Zentralplateaus wird sich in diesem

Zeitraum um fünf bis sechs Meter absenken. Nauru wird das Herz seiner Insel angreifen. Und wie steht es mit künftigen Investitionen im Ausland? »Das werden wir sehen. Aber irgendwo werden wir dieses Geld anlegen müssen …«

Der schönste Sonnenaufgang auf Nauru erwartet den Betrachter im Zentrum der Insel, in den riesigen, still daliegenden Phosphatbrüchen. Während Sonnenstrahlen die Korallen-*pinnacles* vergolden, erwärmt sich der rosafarbene Himmel im Morgenlicht. Dieser Moment ist von kurzer Dauer. Die Insel schläft noch. In wenigen Stunden wird es hier glühend heiß sein.

Tausende von *pinnacles* werden mit dem *secondary mining* verschwinden. Die Steinriesen werden TNT-Sprengungen weichen, denn unter ihnen schlummert das rettende Phosphat. Aber es geht nichts verloren. In seiner glücklichen Phase hatte Nauru kaum Zeit, sich der Beseitigung dieser toten Korallen zu widmen. Es musste immer nur produziert werden. Heute gibt es einen Markt für die *pinnacles*. Zu einer Zeit, in der alle Nauruer improvisieren, um sich durchzuschlagen, setzt auch die Regierung alle denkbaren Verwandlungstricks ein. Die Überreste der *pinnacles* dienen als Baumaterial für Deiche, Dämme und Mauerwerk. Und auf der Insel stehen Millionen Tonnen davon und warten nur auf ihren Transfer nach Australien oder Europa.

Nauru baut seine Zukunft auf der Asche seiner verhängnisvollen Vergangenheit als »*phosphate rock*«. »Wir haben keine andere Wahl«, erwidert Minister David Adeang entschieden. »Das Phosphat ist die Quelle unserer zukünftigen Entwicklung.« Bestimmt wird es Nauru wieder zu einem reichen Land machen. Ganz offensichtlich gibt es keinen Plan B.

Ausblick

Mohammad Sagar, der letzte Flüchtling von Nauru, ist frei. Er musste fünf Jahre auf der kleinen Insel warten, bis Australien über sein Schicksal entschied. »Man hat mir fünf Jahre meines Lebens genommen.« Nun lebt er in Schweden.

Im Dezember 2007 gingen seine Qualen zu Ende. Als der Labor-Politiker Kevin Rudd den Posten des australischen Premierministers übernahm, wurde die *Pacific Solution* über Nacht aufgegeben. Rudd erfüllte damit eines seiner Wahlversprechen.

Auf der Insel besucht Doktor Thoma immer noch Schulen und klärt auf. Die Zuckerkrankheit verbreitet sich weiter in der nauruischen Bevölkerung. »Es wird Jahrzehnte dauern, bis wir das Phänomen stoppen können. Genauso wie es Jahrzehnte dauern wird, bis wir unser Land wieder aufgebaut haben.« Im August 2008 forderte der Diabetes ein neues Opfer: René Harris. Der Mann, der den Zusammenbruch Naurus verkörperte, starb an einem von der Krankheit verursachten Herzanfall, und das nur wenige Monate nach seiner letzten politischen Intrige. Noch einmal hatte er versucht, die amtierende Regierung zu stürzen. Er bekam ein Staatsbegräbnis.

Die Insel greift erneut auf die Sache zurück, die der Grund für ihren Reichtum und ihre chaotische Geschichte ist: das Phosphat. Die Erlösung soll aus derselben Quelle kommen, die alleinige Ursache für das Leid des Landes ist. Darin liegt ein großer Widerspruch. Gegenwärtig begünstigt die Konjunktur die wirtschaftliche Erholung Naurus. In Schwellenländern wie China, Indien oder Brasilien sind Düngemittel wichtiger denn je.

Grund dafür ist die exponentielle Steigerung der Produktion von Biokraftstoffen. Im Jahr 2008 führte das in weniger als zwölf Monaten zu einer Verdreifachung des Phosphatpreises. Daraus ergibt sich erneut eine Perspektive auf eine reiche Zukunft.

Nauru war das Paradigma der Wohlstandsgesellschaft. Konsumgüter waren unbezahlbar, denn für die Menschen dort war alles erschwinglich, obwohl die Insel sehr abgeschieden liegt. Zu ihrer jüngsten Geschichte meinen die Nauruer: »Wir hatten alles.« Ohne weiter ins Detail zu gehen, Beispiele oder Anekdoten zu erzählen. Ein »Alles«, das so weit zurückliegt, dass sie sich anscheinend an keine Einzelheiten mehr erinnern können. Wenn etwas Anlass zur Besorgnis geben kann, dann ist es dieses »Alles«, das mit einem Anflug von Vergessen einhergeht.

Auf Nauru hängt alles zusammen. So wie ein Dominostein den nächsten umwirft, zieht ein Ereignis das nächste nach sich. Das Phosphat brachte Geld, das Geld wiederum verursachte das Müßiggängertum und den Kulturabbau der Bevölkerung. Diese Missstände führten zu Selbstaufgabe und Nachlässigkeit in einer allgemeinen Stimmung des Laisser-faire. Der Gewaltmarsch in Richtung Reichtum bewirkte die Erschöpfung der alles bestimmenden Ressource und war gekoppelt mit einer stümperhaften Investitionspolitik. Es endete mit der physischen Zerstörung des Heimatlands und einem nur knapp vermiedenen Staatsbankrott. Dieser Staat muss nun sein Territorium verpachten, während sein Volk stirbt, weil es sich gehen lässt. »Wir hatten das Gefühl, es könne uns gar nichts passieren«, betont Kairo, ein Nauruer, der jeden Tag im Hafen fischen geht, um seine Familie zu ernähren. »Das Geld floss in Strömen. Auch wenn es keines mehr gab, ließ sich immer noch welches auftreiben. Fernab von allem lebten wir in einer abgeschotteten Welt. Wir hatten dieses Allmachtsgefühl. Wir hätten niemals gedacht, dass wir so tief fallen würden.«

Der Fall der kleinsten Republik der Welt wird als eine der größten wirtschaftlichen Katastrophen des 20. Jahrhunderts in die Geschichte eingehen. Im Laufe der Jahre wird die Liste der bankrotten Staaten immer länger: Argentinien im Jahr 2001, die Salomon-Inseln 2003 und jetzt Island, das von der gegenwärtigen Weltfinanzkrise schwer getroffen ist. Dennoch erscheint Nauru als das offensichtlichste Negativbeispiel eines dogmatischen Einheitsdenkens. Das Land konnte nur »dank« eines politisch zynischen Gefeilsches mit dem Leben Hunderter Menschen gerettet werden, die Australien nicht auf seinem Territorium haben wollte. Es gab kein Phosphat mehr zu verkaufen, also konnte man nur noch Tauschhandel mit Menschen betreiben.

In seinem Werk *Kollaps*[43] erinnert Jared Diamond daran, wie wichtig die Verbindungen zwischen einer Zivilisation und ihrer Umgebung sind. Der Untertitel des Buchs ist vielsagend: »Warum Gesellschaften überleben oder untergehen«. Ganze Gesellschaften sind von der Weltkarte verschwunden, weil sie ihre eigene Umwelt nicht geschützt haben. Die Osterinsel ist ein gutes Beispiel. Die Zerstörung des Waldes durch die Ureinwohner verursachte das Aussterben der Tierarten und eine allmähliche Bodenerosion. Im Laufe der Jahrhunderte gingen die Landwirtschaft und die Jagd zugrunde und führten zum Ende der Zivilisation auf der Insel.

Zu Beginn des 21. Jahrhunderts treten Staaten wie Dubai die Nachfolge Naurus an. Auch dort werden Petrodollars in pharaonische Immobilienprojekte investiert. Staatsfonds finanzieren Dutzende Bauvorhaben in der ganzen Welt. Wie damals soll architektonisches Übermaß die nationale Allmacht vor Augen führen. In den siebziger Jahren hatte das Nauru House Building rekordverdächtige Dimensionen. Im Vergleich zu den 700 und 800 Meter[44] hohen Türmen von Dubai wirkt es wie ein Pförtnerhäuschen. Das Emirat scheint ein Paradies zu sein. Geld, Luxustourismus und Gigantismus: So lautet das Triptychon von Emir El-Maktum, um seine Welt zu vervollkommnen. Sein Land leitet er wie ein multinationales Unternehmen. Zwar genießen dessen Bewohner ungeniert die Petrodollars und das Leben, sie müssen aber auch der Realität ins Auge blicken, nämlich den Nebenwirkungen des Überflusses. Auch in diesen Ländern kosten Übergewicht und Diabetes immer mehr Leben. Nauru – Dubai: Dieselben Ursachen lösen denselben Größenwahn aus.

Die Winzigkeit der Insel verschlimmerte das menschliche Drama. Obzwar abgelegen und von Wasser umgeben, ist das Land Teil der Globalisierung, denn ohne einander zu beachten begegnen sich hier die Akteure des »globalen Dorfs«: der unerwünschte irakische Flüchtling, der Handel treibende australische Ingenieur, der taiwanische Botschafter als Repräsentant seiner Regierung, der Nauruer auf dem Weg zum Angeln. Die Insel ringt mit dieser komplexen Situation. Sie ist charakteristisch für die kapitalistische Wirtschaft, die sich um Kollateralschäden wenig kümmert. Es gab keinen Krieg, keine Revolution oder äußere Faktoren, die für den Untergang von Nauru verantwortlich waren. Es war einfach nur der Lauf der Dinge, der innerhalb von zwei Generationen alles mitriss.

Wer ist nun für diesen Schlamassel verantwortlich? Eigentlich alle Beteiligten – denn alle haben sich auf Nauru bedient, und alle haben es ausgenutzt. Zu Beginn des letzten Jahrhunderts waren es die Europäer, dann die Dominions der Region. Neuseeland und Australien tun es noch heute. Vor allem aber die Nauruer selbst, die von Dollars betäubt waren und es nicht verstanden, ihr Land und ihre Kultur zu bewahren. »Nauru ist nicht nur ein ruiniertes Land. Nauru sagt etwas aus über unser Verhältnis zu Reichtum und Überfluss«, meint Michael auf dem Rückflug. Er ist Australier und regelmäßig geschäftlich auf der Insel. »Nauru ist vor allem die Geschichte des Menschen. Ist sein materieller Wohlstand erst einmal gesichert, vernachlässigt er seine Kultur, vergisst seine Vergangenheit und pfeift auf seine Umwelt. Ich glaube, in diesem Punkt sind wir alle gleich, egal ob wir aus Nauru, der westlichen Welt oder China kommen.«

Nauru ist eine Geschichtslektion, aus der man noch keine abschließende Lehre ziehen kann. Während die Einwohner in ihrem Innersten noch unter den Folgen der vergangenen Exzesse leiden, wird in den nächsten Jahren sicherlich die *phosphate economy* wieder anlaufen.

Sunshine ist Nauruerin und leidet an Diabetes. Zwei Mal in der Woche geht sie ins Krankenhaus und bekommt ihre Dialyse, die sie am Leben erhält. Sie hat mit dem Leben abgeschlossen. Wenn man sie befragt, ob sie etwas bereut von dieser einfachen und verwöhnten Existenz, die sie krank gemacht hat, hüllt sich Sunshine zunächst in Schweigen. Schließlich antwortet sie: »Wer wäre nicht gerne reich?«[45]

Danksagung

Ich möchte ganz besonders Hugues Jallon und dem Team von La Découverte dafür danken, dass sie sofort so großes Interesse an der Insel Nauru zeigten.

Ein großer Dank geht an meine beiden Korrektoren Marie Kock und Mathieu Deslandes, die ihr journalistisches Talent darauf verwandten, bisweilen etwas wirre Ideen in die richtige Form zu bringen.

Dank an Sébastien Hembert (Chefredakteur von Nep TV) und Nicolas Namur (Produzent Cercle Bleu), die im Laufe einer Diskussion im März 2005 sogleich die Bedeutung des Themas Nauru erkannten. Dank auch an Marc de Bayser (Film Oblige).

Dank an Joanna Olsson, Bewohnerin Naurus und Journalistin, für ihre Hilfe.

Herzlichen Dank an meine Familie und Freunde, die mir zuhörten, als ich die Geschichte Naurus erzählte. Ihre erstaunten Blicke veranlassten mich, der Welt die Geschichte dieser Insel zu erzählen.

Schließlich ein dicker Kuss für Anne-Laure, die mich trotz der zahlreichen Zweifel und Enttäuschungen stets ermutigte.

Anmerkungen

1 Chambost, Édouard: *Guide Chambost des paradis fiscaux*. Lausanne: Favre 2005, S. 350.
2 McDaniel, Carl/Gowdy, John: *Paradise for Sale. A Parable of Nature*. Berkely: University of California Press 1998, S. 30.
3 Im eigentlichen Wortsinn sind *beachcombers* Personen, die Strandgut sammeln. In seiner Kurzgeschichte *Omoo* (1847) war Herman Melville der Erste, der diesen Begriff gebrauchte. Sie erzählt von einem Matrosen, der die Mannschaft eines Walfängers verlässt, um auf einer Insel zu leben.
4 McDaniel, Carl/Gowdy, John: *Paradise for Sale*, a.a.O., S. 30.
5 Zitiert in: *New York Times*, 7. Dezember 1919.
6 Rhone, Rosamond: »Nauru, the richest island in the South Seas«. In: *National Geographic*, Dezember 1921.
7 Die Chuuk-Inseln gehören zu den Föderierten Staaten von Mikronesien.
8 Nachdem das letzte Treuhandgebiet Palau in die Unabhängigkeit entlassen wurde, hat der Treuhandrat am 1. November 1994 seine Arbeit eingestellt.
9 McDaniel, Carl/Gowdy, John: *Paradise for Sale*, a.a.O., S. 72.
10 *Australian Rules Football* wird auf einem ovalen Feld gespielt, auf dem sich zwei Mannschaften mit jeweils 18 Spielern gegenüberstehen. Das Ziel des Spiels ist, durch Schüsse zwischen die Pfosten zu punkten, die an jeder Spielfeldseite aufgestellt sind. *Australian Rules* ist der beliebteste Sport Australiens.
11 Nach dem Zweiten Weltkrieg hatte die British Phosphate Commission die Insel Banaba von ihren Bewohnern räumen lassen, um einen intensiven Phosphatabbau zu betreiben. Als

die Ausbeutung 1979 beendet war, kehrte ein Teil der Bevölkerung auf die Insel zurück. Aber sie haben größte Schwierigkeiten, in dem ausgelaugten Gebiet zu überleben.

12 Masters, Chris: »Island Raiders«. In: *Four Corners*, ABC. September 2004.

13 Giegerich, Nick: »Island nation holds key to neighbourhood«. In: *Portland Tribune*, 23. April 2002.

14 Masters, Chris: »Island Raiders«. In: *Four Corners*, ABC. September 2004.

15 Seneviratne, Kalinga: »Nauru turns to dust«. In: *Asia Times*, Hong Kong, 26. Mai 1999.

16 So war Bernard Dowiyogo 1996 vom 11. bis zum 26. November Präsident, bevor er erneut gestürzt wurde.

17 Masters, Chris: »Island Raiders«, a.a.O.

18 Durrant, Sabine. In: *The Independent*, 10. März 1993.

19 »Wo sind unsere Millionen? In Duke Minks Brieftasche«, also des britischen Finanzberaters, der das Musical produziert hat.

20 »Die Politiker werden reicher und dicker. Das Volk wird ärmer, unsere Kinder dünner!«

21 Großbritannien und Neuseeland müssen im Rahmen dieses Abkommens jeweils acht Millionen Dollar an Nauru zahlen.

22 Das entspricht 165 Millionen Euro.

23 Keith-Reid, Robert: »Revolt looking in Nauru«. In: www.pacific-magazine.net, 1. November 2001.

24 Im Februar 2009 funktionierte diese Internetadresse noch: www.nauruoffshore.com.

25 Verordnung 2002-145 in Anwendung des Artikels L.562-2 der französischen Geld- und Finanzgesetzgebung.

26 Hitt, Jack: »The billion-dollar shack«. In: *New York Times*, 10. Dezember 2000.

27 Ebd.

28 Die Financial Action Task Force on Money Laundering (Arbeitskreis Maßnahmen zur Geldwäschebekämpfung) ist 1987 nach einer G7-Konferenz in Paris gegründet worden. Aufgabe dieser Einrichtung ist es, die Methoden der Geldwäsche zu untersuchen und aufzulisten. Sie kann keinerlei verbindliche Maßnahmen treffen, aber sie veröffentlicht Berichte, in denen

die Länder aufgeführt sind, die der Geldwäsche verdächtigt werden.

29 Field, Michael: »Nauru's passport secret«. Zugänglich auf www.michaelfield.org, 24. April 2006.

30 Radio Australia, 14. März 2005.

31 Skehan, Craig: »What Nick did next: a plan to run Nauru«. In: *Sydney Herald Morning*, 1. März 2003.

32 »Island Raiders«, die Untersuchung von Chris Masters für ABC, zeigt, dass die Regierung von René Harris durchaus versuchte, den Kredit der amerikanischen Gesellschaft umzuschulden, und sich dafür an die BACF wandte, ein australisches Unternehmen für den Aufkauf von Krediten. René Harris und einige andere einflussreiche Nauruer sollen Schmiergelder bekommen haben, um diese Transaktion zu ermöglichen. René Harris war zeitweilig sogar Aktionär der BACF.

33 UNHCR: United Nations High Commissioner for Refugees, die Behörde des Hohen Flüchtlingskommissars der Vereinten Nationen.

34 Keith-Reid, Robert: »Revolt looking in Nauru«, a.a.O.

35 Laming, John: »A merry tale of Air Nauru«, online auf www.airwaysmuseum.com.

36 Hugues, Helen: »Tough love key to Nauru's future«. In: *The Australian*, 22. Januar 2008.

37 *New York Times*, 8. August 2002.

38 Keith-Reed, Robert: »Taiwan switch keeps Air Nauru flying«. In: *Island Business*. Suva 2002.

39 Japan wurde lange beschuldigt, es hätte diese Stimmen gekauft. Seine Gegner sprachen oftmals von Scheckbuchdiplomatie. Auf der Liste der Länder, die Nippon in der Walfangfrage unterstützen, stehen viele kleine karibische Länder (Saint Kitts und Nevis, Dominica usw.) oder afrikanische Staaten (Benin, Kamerun, Elfenbeinküste, Gabun, Gambia, Mali, Mauretanien, Togo).

40 Laut der Untersuchung der WHO hat Kuwait eine Fettleibigkeitsquote von 28,8 Prozent. Seine Bevölkerung leidet auch massiv an Diabetes, Kuwait rangiert auf Rang 5 der am stärksten von dieser Krankheit betroffenen Länder (14,4 Prozent).

41 Die »Ausschließliche Wirtschaftszone« ist das Meeresgebiet, in dem ein Küstenstaat in wirtschaftlichen Fragen hoheitliche Rechte ausübt.

42 Dorney, Sean: »Pacific Paydirt«. ABC, 3. Februar 2008.

43 Diamond, Jared: *Kollaps. Warum Gesellschaften überleben oder untergehen*. Frankfurt/Main: S. Fischer Verlag 2005.

44 Burdsch Chalifa (828 Meter), Al Burdsch (700 Meter).

45 Ribeiro Salgado, Juliano: »Nauru, une île à la dérive«. Arte, 14. März 2009.

Ferne Welten bei Wagenbach

Lev Gudkov / Victor Zaslavsky Russland

Kein Weg aus dem postkommunistischen Übergang?
Stillgelegte Fabriken und aufgegebene Menschen, Megakonzerne und eine reiche Führungsklasse, dahinter ein autoritärer Staat, der unliebsame Oligarchen hinter Gitter bringt – widersprüchlich sind die Nachrichten aus der früheren Sowjetunion. Zaslavsky und Gudkov analysieren mit großer Kenntnis und schonungslos das heutige Russland.

Aus dem Italienischen von Rita Seuß
Gebunden mit Schutzumschlag. 208 Seiten

Christof Hamann / Alexander Honold Kilimandscharo

Die deutsche Geschichte eines afrikanischen Berges
Der Kilimandscharo – Mythos und Sehnsuchtsort: Christof Hamann und Alexander Honold erzählen die faszinierende Biographie des »höchsten deutschen Berges«.

Gebunden mit Schildchen und Prägung. 192 Seiten mit vielen Abbildungen

Dieter Richter Der Süden

Geschichte einer Himmelsrichtung
Vom Süden in der antiken Welt zur Capri-Sonne der 1950er Jahre, von der Entdeckung der Südseeinsel Tahiti bis zur heutigen Sehnsucht nach Strand, Palmen und blauem Meer: Der Süden leuchtet! Dorthin zeigt die Kompassnadel des Glücks.

Leinen mit Prägung und aufgeklebtem Schildchen
208 Seiten mit vielen Abbildungen

Hans Christoph Buch Haiti

Nachruf auf einen gescheiterten Staat
Schon lange vor dem verheerenden Erdbeben war Haiti zusammengebrochen, ein Staat nur noch auf dem Papier. Hans Christoph Buch beleuchtet aber auch die vergessene Erfolgsgeschichte der ehemals reichsten französischen Kolonie, wo die Sklaven erfolgreich den Aufstand probten.

WAT 648. 192 Seiten mit Abbildungen

Biographisches bei Wagenbach

Norbert Rehrmann Simón Bolívar

Die Lebensgeschichte des Mannes, der Lateinamerika befreite

Außer Che Guevara ist kein anderer lateinamerikanischer Freiheitskämpfer so oft abgebildet, verklärt und umgedeutet worden wie Simón Bolívar. Höchste Zeit also, Herkunft und Wirkung dieser politischen Ikone zu untersuchen.

Gebunden mit Schutzumschlag. 240 Seiten mit vielen Abbildungen

Friederike Hausmann Garibaldi

Die Geschichte eines Abenteurers, der Italien zur Einheit verhalf

Giuseppe Garibaldi ist bis heute eine der faszinierendsten Gestalten des Risorgimento, der Bewegung für die Einheit Italiens. Die Biographie des Freiheitskämpfers, Abenteurers und Frauenhelden ist zugleich eine Geschichte Italiens im 19. Jahrhundert.

WAT 335. 200 Seiten mit vielen Abbildungen

Stephanie Haerdle Amazonen der Arena

Zirkusartistinnen und Dompteusen

Manege frei! Frauen arbeiteten schon als Raubtierdompteusen, Akrobatinnen und Zirkusdirektorinnen, als die bürgerliche Dame kaum allein über die Straße gehen durfte. Stephanie Haerdle portraitiert diese außergewöhnlichen Frauen.

WAT 649. 192 Seiten mit sehr vielen Abbildungen

Giorgio Vasari Mein Leben

Giorgio Vasari, Maler, Architekt und Schriftsteller, beschreibt sein eigenes Leben als Erfolgsmodell eines Renaissancekünstlers. Neu übersetzt und kommentiert. Mit dem heutigen Standort der Kunstwerke.

»Die Unsterblichkeit, nach der Vasari mit so viel Fleiß und Askese in der Kunst strebte, sichert ihm vor allem sein großes Buch.«

Sebastian Preuß, Berliner Zeitung

Herausgegeben von Alessandro Nova und bearbeitet von Sabine Feser
EDITION GIORGIO VASARI. 192 Seiten. Deutsche Erstausgabe

Sachbuch bei Wagenbach

Wilfried Witte Tollkirschen und Quarantäne

Die Geschichte der Spanischen Grippe

Die Bedrohung durch die Schweinegrippe hat hitzige Diskussionen über Impfungen ausgelöst. Ein Blick zurück auf die Spanische Grippe, die letzte große Grippepandemie zeigt, wie sich die moderne Grippe und Impfstoffforschung herausgebildet haben.

Mit einem neuen Vorwort. WAT 633. 122 Seiten mit Abbildungen

Carlo Ginzburg Der Käse und die Würmer

Die Welt eines Müllers um 1600

Carlo Ginzburg rückt hier erstmals die Mentalität und das Weltbild eines Individuums ins Zentrum. Ein zentrales Buch der neueren Geschichtsschreibung.

Aus dem Italienischen von Karl F. Hauber

WAT 444. 208 Seiten

Carlo M. Cipolla Gezählte Zeit

Wie die mechanische Uhr das Leben veränderte

Wie die mechanische Uhr das europäische Wirtschaftsleben veränderte und schließlich sogar chinesische Könige begeisterte: Wirtschaftsdetektiv Cipolla ist spannenden und ungewöhnlichen Zusammenhängen auf der Spur.

Aus dem Italienischen von F. Hausmann

WAT 665. 144 Seiten mit vielen Abbildungen

Bernd Brunner Wie das Meer nach Hause kam

Die Erfindung des Aquariums

SeaWorld, Ozeanium, der Krake Paul († 26. Oktober 2010) – das Eintauchen in Unterwasserwelten scheint uns heutzutage selbstverständlich. Doch wie kam es eigentlich dazu? Wann und wo wurde das Aquarium erfunden – und wozu?

WAT 653. 144 Seiten mit sehr vielen Abbildungen